Inhaltsverzeichnis

D1722654

Spurensuche Leben

Lebensgestaltung · Ethik · Religionskunde

Klassen 5/6

Spurensuche Leben

Lebensgestaltung · Ethik · Religionskunde
Klassen 5/6

Herausgegeben von Helge Eisenschmidt

Militzke Verlag

Autoren:
Dr. Helge Eisenschmidt (Kap. 2, 3, 4)
Christian Lange (Kap. 4)
Dr. Eveline Luutz (Kap. 5, 6)
Jana Paßler (Kap. 5.2)
Regine Wetzig (Kap. 1)

Lektorat:
Siegfried Kätzel

© Militzke Verlag e.K., Leipzig 2006
www.militzke.de

Satz und Gestaltung: Claudia Hofmann
Druck und Binden: Jütte-Messedruck Leipzig GmbH
ISBN 3-86189-328-2

Die letzte Jahreszahl bezeichnet das Erscheinungsjahr dieser Auflage:
2009   2008   2007   2006

Inhaltsverzeichnis

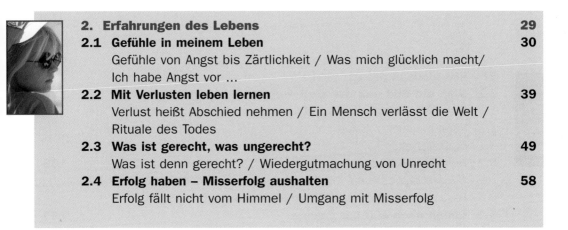

Andere
neben **mir**

1

1.1 Freund – Freundin – Freundschaft

So lange wir zurückdenken können, leben die Menschen in einer Gemeinschaft. Das bringt viele Vorteile, denn man kann sich gegenseitig helfen und schützen, aber in jeder Gemeinschaft gibt es auch eine Menge Probleme. Der Umgang mit anderen Menschen gehört zu den schwierigsten Dingen, die jeder Mensch lernen muss.

Freundschaft – was ist das?

Sternstunden

Seit 50 Jahren kennen sie sich. Sie saßen zusammen auf der Schulbank, Helge und Horst. Beide fuhren leidenschaftlich gern Fahrrad. Noch immer sind sie befreundet und Fahrrad fahren sie auch heute noch gerne. Gemeinsam mit ihren Ehefrauen unternahmen sie eine Radtour durch Mecklenburg.

Sie waren ungefähr 50 Kilometer um den Kummerower See geradelt, als sie an einen kleinen Turm kamen. Die Radler wollten schon weiterfahren, da hörten sie einen Jungen sagen: „Schade, dass übermorgen unser Urlaub zu Ende ist." Er war ungefähr 12 Jahre alt und trug einen Eimer voller Mörtel zum Turm. Horst fragte mitfühlend: „Musst du denn in deinem Urlaub so schwer arbeiten?" Der Junge sah ihn erstaunt an und lachte: „Das ist doch keine Arbeit, das macht doch Spaß." „Was macht ihr denn hier?", wollte er wissen.

„Wir sind jedes Jahr hier, meine Eltern, die Freunde meiner Eltern und Dietmar." Er zeigte auf Dietmar, einen „Opa" mit langen, wuseligen Haaren und einem ganz schön dicken Bauch. „Das ist der Lehrer von meinem Papa." „ Mm", fragte Helge inzwischen interessiert, „geht denn dein Papa noch zur Schule?"

Sternwarte Remplin

Der „Papa" mischte sich in das Gespräch ein und erklärte: „Dietmar war früher mein Astronomielehrer. In der 10. Klasse unternahm er mit uns eine Klassenfahrt hierher, weil er sich für diesen Turm interessierte, die alte Sternwarte von Remplin. Sie war völlig verfallen, und nur er wusste, dass um 1800 der Graf Friedrich von Hahn hier eine hochmoderne Sternwarte errichtet hatte, die leider seit vielen Jahren dem Verfall preisgegeben war. Unser Dietmar, so nannten wir unseren Lehrer schon damals heimlich, war ein so fanatischer Sternegucker, sodass er uns alle faszinierte. Er hat dann 1980 eine Arbeitsgemeinschaft zum Wiederaufbau dieser ältesten Sternwarte Deutschlands gegründet. Meine beiden Schulfreunde und ich fahren seitdem jedes Jahr für mindestens eine Woche hierher und bauen an unserem Turm. Inzwischen fahren unsere Ehefrauen mit, und unsere sieben Kinder sind wieder miteinander befreundet. Sie haben ja meinen Sohn Jens gerade kennen gelernt. Wenn es nach ihm ginge, müssten wir noch viel öfter herfahren und zusammen sein. Für alle beginnt jedes Jahr ein neues Abenteuer. Unsere Sternwarte sieht nach jedem gemeinsamen Urlaub ein bisschen schöner aus, und in drei Jahren wollen wir von hier aus wieder richtig in die Sterne gucken."

Q]

A ▸ *Überlegt gemeinsam, weshalb die Geschichte „Sternstunden" heißt.*

Ü ▸ *Male drei Kreise und in jeden so viele Köpfe, wie zu den Freundeskreisen gehören. Gib jedem Kreis einen Namen und schreibe dazu, warum deiner Meinung nach diese Freundschaften entstanden sind. Du kannst die unten stehenden Begründungen verwenden.*

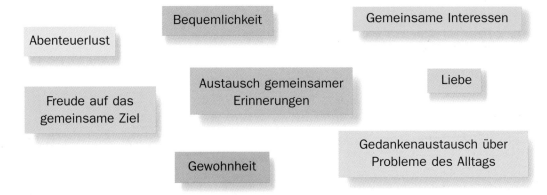

Bequemlichkeit

Gemeinsame Interessen

Abenteuerlust

Austausch gemeinsamer Erinnerungen

Liebe

Freude auf das gemeinsame Ziel

Gedankenaustausch über Probleme des Alltags

Gewohnheit

A ▸ *Befrage deine Eltern oder andere Erwachsene nach ihren Freunden und lass dir erzählen, wie die Freundschaften entstanden sind.*
▸ *Tauscht diese Geschichten vor der Klasse aus und begründet, warum diese Freundschaften entstanden sind!*
▸ *Welche Begründungen sind für deinen Freundeskreis am wichtigsten? (bestehender oder gewünschter Freundeskreis)*

Freundschaft hat viele Gesichter

▶ Erläutere, welche Formen von Freundschaft auf den Fotos dargestellt werden. Welche weiteren Freundschaftsformen kennst du noch?
▶ Wer zu viele Freunde hat, der hat keinen echten Freund. Kannst du dieser Meinung zustimmen? Führt darüber ein Streitgespräch in der Klasse.

Dass Freundschaft sehr vielseitig ist, haben asiatische Weise bereits vor langer Zeit erkannt. So gibt es in der chinesischen Sprache für das Wort Freundschaft gleich drei unterschiedliche Übersetzungen:

[友爱   Das heißt Freund – Liebe.

友友   Das heißt Freund – gut.

友誼   Das heißt Freund – vertraut.

(Aus: Kampwerth, Karin, Qlique & Co., K. Thienemann Verlag, Stuttgart/Wien 2002, S. 9)]

A ▶ Worin liegt der Unterschied, den die Chinesen mit ihren verschiedenen Schriftzeichen für das Wort Freundschaft hervorheben?
▶ Welche unterschiedlichen Formen von Freundschaft findest du auf den Bildern und in der Geschichte „Sternstunden" (z. B. Junge – Junge, gleichaltrig usw.)?

Ü ▶ Male die drei Schriftzeichen ab und schreibe dahinter Beispiele von Freundschaften, entweder aus deinem Leben oder aus dem Text „Sternstunden" oder von den oben stehenden Abbildungen.

Auf einer Wellenlänge

Spaß haben, Geheimnisse miteinander teilen, nächtelang durchquatschen, rumalbern, sich gegenseitig total vertrauen – und auch im dicksten Stress zusammenhalten! All das gehört zu einer Superfreundschaft dazu. Und vor allem: Bei deinen Freunden kannst du so sein, wie du wirklich bist! Du musst keine Show abziehen, um anzukommen, und du kannst auch mal richtig schlecht gelaunt sein, ohne gleich eine Krise zu riskieren. Und wenn du nur mal schweigen oder einfach abhängen willst, wirst du garantiert nicht sofort als Langweiler abgestempelt.

Freunde machen dich selbstbewusst und stark!
Schließlich ist es immer leichter, im Doppelpack aufzutreten und schwierige Situationen gemeinsam zu meistern.

Freunde sorgen dafür, dass du gut drauf bist!
Zu zweit oder in der Clique lacht es sich einfach besser.

Freunde sind (meistens) ehrlich zu dir!
Schließlich bringen nur richtige Freunde kleine Unannehmlichkeiten so liebevoll über die Lippen, dass du ihnen einfach nicht böse sein kannst - egal ob du erfährst, dass du ein paar Kilo zu viel auf den Rippen oder dich in einen Idioten oder eine Zicke verliebt hast.

Freunde helfen dir, wenn du Stress hast!
Schlechte Stimmung zwischen dir und deinen Eltern, Ärger in der Schule oder Pech beim Sport - egal, was dir die Laune verdirbt: Freunde haben garantiert einen Tip parat, wie du auch verfahrene Situationen wieder gerade biegst. Und manchmal hilft es ja schon, wenn einem nur jemand zuhört.

Freunde sind dir nicht böse!
Wenn du einmal richtig albern sein willst, kannst du mit Freunden hemmungslos rumblödeln, Unsinn reden und Quatsch machen - ohne darauf zu achten, dass du cool rüberkommst.

(Aus: Kampwerth, Karin: Qlique & Co., K. Thienemanns Verlag, Stuttgart/Wien 2002, S. 7 f.)

 A ▸ *Wähle dir einen Punkt aus und schreibe darüber eine selbst erlebte oder eine erdachte Geschichte.*

Erfahrungen mit Freundschaft

Hast du das schon einmal erlebt? Du siehst jemanden, den du sofort sympathisch findest. Ihr könnt sofort zusammen reden, und du hast den Wunsch: Das müsste mein/e Freund/in sein. Auch das Gegenteil kommt vor. Du siehst jemanden und kannst ihn einfach nicht leiden. Irgendetwas stört dich. Die Gefühle, die dich im ersten Moment bewegen, haben eine gewisse Bedeutung für die weitere Gestaltung der Beziehungen, aber was Freundschaft wirklich bedeutet, merkt man erst später.

Kanithan kommt nicht mehr

Ich erinnere mich noch ganz genau: Ich lernte Kanithan in der ersten Klasse kennen. Er kam aus Sri Lanka. Er war ein netter Junge. Im Unterricht arbeitete Kanithan immer gut mit. Nach der Schule gingen wir zusammen in den Hort. Dort aßen wir zu Mittag und machten schnell unsere Hausaufgaben, damit wir endlich zusammen spielen konnten. Am liebsten spielten wir Fußball. Auch Kanithans Papa hatte ich gern. Er lachte viel, erzählte mir Geschichten und küsste mich. Zum Klassenfest brachte er eine Riesentorte mit. Im Dezember lud ich Kanithan zu meinem Geburtstag ein.

Links: Paul Roth, rechts: Kanithan. Wo er wohl heute ist?

Einige Tage vor diesem Geburtstag kam ich morgens in die Schule und Kanithan war nicht da. Eigentlich war er immer vor mir in der Schule, aber dieses Mal kam er nicht. Dann haben wir erfahren, dass er nicht mehr in Deutschland war. Unsere Klasse war sehr traurig.

Ein Andenken an Kanithan habe ich, ein Klassenfoto aus der ersten Klasse. Das schaue ich mir manchmal an und denke an meinen Freund. Dann werde ich traurig und frage mich, wo er jetzt lebt und wie es ihm geht.

(Nach: Paul Roth – Grundschule Rothenberg, Saarbrücken. In: Freunde aus aller Welt – ein Buch von Kindern für Kinder, 2002 beim Kiga Fachverlag für angewandte Pädagogik, S. 56)

▶ *Beschreibe die Gefühle, die Paul hat, wenn er an Kanithan denkt!*
▶ *Diese Geschichte hat Paul mit neun Jahren geschrieben. Stell dir vor, Kanithan besucht Paul in der 5. Klasse. Schreibe das Gespräch auf, das beide führen!*

Wie soll dein Freund/deine Freundin sein?

abenteuerlustig, albern, angebe-
risch, beharrlich, blond, brav, cool,
clever, christlich, dunkelhäutig, ehr-
geizig, ehrlich, faul, fleißig, flink,
frech, freundlich, fröhlich, gefühl-
voll, geizig, geschickt, gläubig,
grausam, groß, habgierig, hek-
tisch, hellhäutig, hilfsbereit, klein,
klug, körperbehindert, langweilig,
launisch, liebevoll, liederlich, links-
händig, listig, lustig, nett,
ordentlich, redegewandt,
schüchtern, schwarzhaarig,
schlitzohrig, selbstbewusst,
stark, treu, vertrauensvoll, witzig,
zaghaft, zurückhaltend, zuverlässig

A ▶ Lies die alphabetisch geordneten Wörter aufmerksam durch und stelle dir zu zehn Eigenschaftswörtern jemanden (Familie, Klasse, Film usw.) vor, mit dem du diese Eigenschafen verbindest.

▶ Schreibe mindestens fünf Eigenschaften auf, die ein Mensch nicht verändern kann (z. B. klein). Welche Rolle spielen diese Eigenschaften, wenn man mit jemandem befreundet ist oder wenn man eine/n Freund/in sucht?

▶ Welche Eigenschaften sind dir bei einem Freund ganz besonders wichtig? – Denke darüber nach, ob man mit diesen Eigenschaften geboren wird?

▶ Welche der aufgeführten Eigenschaften sind dir ganz besonders verhasst, und warum?

Ü ▶ Bastle einen Stern mit fünf Zacken und schreibe die fünf Eigenschaften in die einzelnen Ecken, die dir bei deinem Freund am wichtigsten sind! Du kannst diesen Stern deinem Freund schenken oder jemandem, den du gern zum Freund haben möchtest.

Ü ▶ Bastle einen Stern für dich, und schreibe drei deiner Eigenschaften in drei Zacken, die du an dir am meisten schätzt. Klappe die Zacken nach innen und male drei grüne Punkte darauf!

▶ Was möchtest du unbedingt bei dir verändern? Schreibe diese Wörter in die beiden anderen Zacken, schlage sie um und male zwei rote Punkte darauf.

▶ Bewahre diesen Stern dort auf, wo er dir immer ins Auge fällt. Du hast dann immer einen Grund, dich über dich zu freuen und wirst daran erinnert, was du dir vorgenommen hast.

Wie man Freunde erkennt

Nur du selbst erkennst, wann dein Vertrauen so weit aufgebaut ist, dass du die Freund-schaft auch fühlen kannst. Das wirkt so, als ob du vor dem Schlafengehen ein Glas warme Milch trinkst und sich in deinem ganzen Körper ein wohliges Gefühl breit macht. Freundschaft hat eine ganze Menge mit Geborgenheit zu tun. Da ist einfach jemand, der immer für dich da ist.

Charlies Traum

A
▶ *Wie wird sich Charlie deiner Meinung nach in Zukunft diesem Mädchen gegenüber verhalten, und warum wird das so sein?*
▶ *Stell dir vor, Charlie möchte das Mädchen als Freundin behalten und ihr einen Stern schenken. Welche Eigenschaften würde er auf die fünf Zacken schreiben?*

Zwei Kameraden

Zwei Männer gingen durch den Wald, als ihnen plötzlich ein Bär begegnete. Der eine lief davon, kletterte auf einen Baum und versteckte sich, der andere blieb auf dem Wege. Da er nichts weiter tun konnte, legte er sich hin und stellte sich tot.

Der Bär kam auf ihn zu und beschnupperte ihn. Der Mann hielt den Atem an.

Der Bär beroch sein Gesicht, glaubte, dass der Mann tot sei, und ging davon. Als der Bär fort war, kam der andere Mann vom Baum herunter und fragte lachend: „Na, was hat dir denn der Bär ins Ohr geflüstert?"

„Er sagte mir, dass alle Menschen schlecht seien, die den Kameraden in der Gefahr verlassen."

(A. N. Tolstoi) Q]

Freunde
lernt man wie gute
Steuermänner erst
im Sturm kennen.

A ▸ Vergleiche die Aussage der Kurzgeschichte von Tolstoi mit der Postkarte!
▸ Erzähle eine selbst erlebte oder ausgedachte Geschichte, mit der du den Sinn der Kurzgeschichte zum Ausdruck bringst.

Sprichwörter:

Der kürzeste Weg zwischen zwei Freunden ist ein Lächeln. *(aus dem Chinesischen)*
Meine Freunde sind mein Vermögen. *(Charles Dickens)*
Wer einen Freund hat, braucht keinen Spiegel. *(indisches Sprichwort)*
Den wahren Freund erkennt man in der Not. *(aus dem Lateinischen)*
Du weißt nicht, wer dein Freund ist, bevor das Eis bricht. *(Sprichwort der Eskimos)*

Ü ▸ Entwirf selbst eine Postkarte und wähle dir eins der Sprichwörter bzw. Zitate aus! Du kannst selbst etwas zeichnen, kannst Fotos oder irgendwelche Abbildungen verwenden.
▸ Gestaltet eine große Tafel mit euren Postkarten. Findet heraus, auf welcher Karte besonders deutlich wird, woran man einen Freund erkennt.

Wie wichtig ist mir diese Freundschaft?
Freundschaft ist doch mit das Wichtigste, dass es gibt. Aber bist du dir sicher, wirklich einen guten Freund gefunden zu haben? Dieser Test will dir helfen, mehr Klarheit über deine Freundschaft zu gewinnen.

Freundschaftstest

Aufgabe 1:
Du hörst von jemandem, dass sich dein Freund ziemlich abfällig über dich geäußert haben soll.
A) Du glaubst es nicht.
B) Du wirst ihn erst einmal selbst dazu befragen.
C) Das verunsichert dich stark.

Aufgabe 2:
Wenn dich etwas bedrückt, kannst du mit deinem Freund
A) auch nicht viel anfangen.
B) meistens darüber sprechen.
C) jederzeit darüber sprechen.

Aufgabe 3:
Du hast deinem Freund anvertraut, dass du bei der Klassenarbeit abgeschrieben hast.
A) Er wird es wohl für sich behalten.
B) Er wird es ganz bestimmt für sich behalten.
C) Du hoffst, dass er es für sich behält.

Aufgabe 4:
Du hast dich mit deinem Freund gestritten, weil du eine Verabredung nicht eingehalten hast.
A) Ihr werdet euch auch wieder vertragen.
B) Hoffentlich hält das die Freundschaft aus.
C) Jetzt musst du den Anfang machen.

Aufgabe 5:
Wenn ich Hilfe brauche,
A) kann ich mich auf meinen Freund verlassen.
B) muss ich meinen Freund erst lange bitten.
C) wird mich mein Freund schon unterstützen.

Aufgabe 6:
Wenn mein Freund in der Klemme steckt,
A) muss er da selbst rauskommen.
B) frage ich ihn, ob ich helfen kann.
C) werde ich ihm helfen.

Aufgabe 7:
Dein Freund möchte mit dir in letzter Minute für eine Klassenarbeit lernen. Du hast dich bereits gut vorbereitet.
A) Du stimmst zu, obwohl du keine große Lust hast.
B) Du stimmst zu, weil er dein Freund ist.
C) Nein. Er hätte ja vorher mit dir lernen können.

Aufgabe 8:
Dein Freund hat Geld verloren. Da er vermeiden will, dass seine Eltern großes Theater machen, möchte er sich eine kleine Summe von dir leihen.
A) Das geht klar.
B) Du verleihst grundsätzlich kein Geld.
C) Er kann mit dir rechnen, weil du weißt, wie genau er bei Geldangelegenheiten ist.

Aufgabe 9:

Wenn ihr, dein Freund und du, zusammen seid,

A) langweilt ihr euch oft.

B) habt ihr viel Spaß.

C) fällt euch oft etwas ein.

Aufgabe 10:

Wenn du an deinen Freund denkst,

A) hast du ein gutes Gefühl.

B) hast du kein besonderes Gefühl.

C) hast du ein angenehmes Gefühl.

Aufgabe 11:

Dein Freund und du haben

A) ein gemeinsames Hobby.

B) kein gemeinsames Hobby.

C) mehr als ein gemeinsames Hobby.

Aufgabe 12:

Wenn du dich mit deinem Freund unterhältst,

A) seid ihr sehr oft einer Meinung.

B) meistens einer Meinung.

C) selten einer Meinung.

(Hartmut Joost: Wie wichtig ist mir diese Freundschaft? In: Stafette, Nr. 8/1991, S. 44 ff. – gekürzt) Q

Auflösung des Freundschaftstests

	1.	2.	3.	4.	5.	6.	7.	8.	9.	10.	11.	12.
A	2	0	1	2	2	0	1	2	0	1	1	2
B	1	1	2	0	0	1	2	0	2	0	0	1
C	0	2	0	1	1	2	0	1	1	2	2	0

0 bis 5 Punkte: Bist du dir sicher, hier wirklich einen Freund eingeschätzt zu haben? Mir scheint, du hast jemanden aufs Korn genommen, den du entweder kaum kennst oder mit dem dich wenig verbindet.

5 bis 11 Punkte: Sehr wichtig scheint dir diese Freundschaft nicht zu sein. In vielen Bereichen fehlt das, was eine Freundschaft wirklich ausmacht.

12 bis 18 Punkte: Du schilderst eine gute Freundschaft, in der es viel Licht und nur selten Schatten gibt. Du kannst aber noch etwas für diese Freundschaft tun.

19 bis 24 Punkte: Gratuliere, du hast offensichtlich einen wirklich guten Freund gefunden. Ihr habt beide das sichere Gefühl, euch zu mögen.

A
▶ *Zähle zusammen, wie viele Punkte du erreicht hast. Welche Auflösung trifft auf dich zu?*
▶ *Diskutiert in der Klasse über die verschiedenen Antwortmöglichkeiten der Aufgaben. Bei welchen Aufgaben stimmt die Mehrheit der Klasse überein? Wo gibt es Unterschiede?*

Freundschaft ist kein Geschenk

Zwischen Freunden kommt es immer wieder zu Missverständnissen. Das ist völlig normal und bedeutet nicht das Ende der Freundschaft, obwohl es manchmal so aussieht.

Valerie, 14 Jahre:
Soll ich ihr die Freundschaft kündigen?

Liebe Valerie, du bist mega-okay und eine supertolle Freundin. Ja! Du hast ein gutes Gefühl für dich und für andere und du hast das Herz auf dem rechten Fleck. Selbst wenn du immer diejenige bist, die den ersten Schritt zur Versöhnung macht und die Rechnung für dich nicht so ganz stimmt, du liebst deine Freundin trotzdem. Damit du das Gefühl bekommst, das Geben und Nehmen in eurer Freundschaft ausgeglichen sind, solltest du einfach mal etwas riskieren. Auch wenn ihr euch beim nächsten Mal nur wieder um eine Kleinigkeit streitet, lass sie nicht weggehen, wenn sie beleidigt abziehen will, und du dann später wieder den ersten Schritt auf sie zumachen musst. Diskutiere mit ihr mal einen Streit bis zum Ende. Brüllt euch an, sag ihr, dass du es satt hast, immer wieder den Versöhnungsschritt machen zu müssen! Der Streit kann bis zum Donnerwetter hochkochen – aber es wird ein reinigendes Gewitter sein.

(Soll ich ihr die Freundschaft kündigen? In: Mädchen 9/2002, S. 56)

Fast jeden Tag hab ich mit meiner besten Freundin Streit. Meist dreht es sich dabei nur um Kleinigkeiten, aber trotzdem geht es mir ziemlich nahe. Das Schlimmste ist, dass die sich nie um die Versöhnung kümmert. Immer muss ich nach ein paar Tagen auf sie zukommen und mich bei ihr entschuldigen. Aber wofür? Sie fängt doch immer den Streit an. Soll ich ihr die Freundschaft kündigen? Dabei hab ich sie doch so lieb!

A ▶ Welche Antwort hättest du Valerie gegeben? Schreibe einen Brief mit Ratschlägen, wie sie sich verhalten soll.

Freundschaft auf dem Prüfstand

- Petra geht freudestrahlend auf Anja zu und sagt: „Heute nachmittag komme ich endlich zu dir, damit wir das Video angucken können, das du mir schon vor zwei Wochen zeigen wolltest." (Petras Oma war zwei Wochen zu Besuch gewesen, und jeden Nachmittag hatten sie etwas zusammen unternommen.) Anja antwortet: „Heute nachmittag habe ich keine Zeit, und überhaupt kannst du mich mal ..."
- Moritz kommt gerade dazu, als sein Freund Tobias auf einen Jungen aus der 2. Klasse einschlägt. Der weint laut, und seine Nase blutet. „Lass den Jungen in Ruhe", sagt Moritz empört. „Der hat meinen neuen Ball kaputt gemacht", schreit Tobias. (Der kleine Lars hatte am Rand gestanden, als mehrere große Jungen Ball spielten. Er wollte helfen und den beiseite gerollten Ball ins Feld schießen. Dabei war er vor Aufregung ausgerutscht und der Ball war über den Zaun in einen Müllcontainer voller Scherben gefallen).
- Lisa hat neuerdings das Lesen für sich entdeckt. Sie verschlingt geradezu alle Harry Potter-Bücher der Reihe nach. Vorher hat sie ihre Nachmittage häufig mit ihrer Freundin Laura verbracht. Sie konnten sich über alles unterhalten, gingen gern schwimmen oder waren mit ihrer Clique zusammen. Lesen ist für Laura ein Graus. Da Lisa gerade mit dem letzten Band zu Ende ist, fällt ihr ein, dass sie gern mal wieder mit Laura schwimmen gehen möchte. Auf ihre Frage antwortet Laura: „Du kannst mit deinem blöden Harry Potter schwimmen gehen, ich habe etwas anderes vor."
- Rüdiger und Roman sind dicke Freunde. Manchmal ziehen sie sogar die Sweatshirts des anderen an, benutzen ganz selbstverständlich die Schul- oder auch Spielsachen des Freundes. Vor einigen Tagen hatte Roman eine CD-Rom von Rüdiger ausgeborgt und hatte sie an Theo weitergegeben. Der hatte sie völlig zerkratzt zurückgegeben. Rüdiger rastet aus, als er die Bescherung sieht und kündigt ihm die Freundschaft.

Kummerkasten

A ▶ *Suche dir eine der vier Streitsituationen aus und schreibe auf, wie die Freundschaft gerettet werden kann.*

Ü ▶ *Suche dir einen Partner, mit dem du die von dir beschriebene Streitsituation mit deiner Lösung nachspielen kannst.*

Ü ▶ *Sammelt in einem „Freundschafts-Kummerkasten" alle Probleme, die ihr bisher in euren Freundschaftsbeziehungen hattet. Ordnet die Probleme dann nach Schwerpunkten, z. B. „Kein Vertrauen", „Ständig Streit", „Keine Unterstützung" oder „Fehlende Übereinstimmung". Versucht dann, die Ursachen der Probleme aufzudecken und überlegt zum Schluss, was geschehen muss, damit die Freundschaft noch eine Chance bekommt.*

1.2 Vom Miteinander in Schule und Klasse

Eine Schule zum Wohlfühlen

Das Lernen ist für jeden Menschen ein wichtiger Bestandteil seines Lebens. Es soll Freude bereiten und zu entsprechendem Wissen und Fähigkeiten der Lernenden führen. Eine Schule, in der es gerecht zugeht, das Bedürfnis nach gegenseitiger Hilfe ausgeprägt ist und wo Angst und Gewalt ausgeschlossen sind, schafft ein solches Lernklima.

Die Schule im Jahre 2157

Diese Geschichte spielt am 17. Mai des Jahres 2157 und erzählt vom Unterricht der elf-jährigen Margie:

Margie wurde zornig. „Schule? Was kann man denn schon über die Schule schreiben? Ich hasse die Schule!"

Margie hatte die Schule schon immer gehasst, aber jetzt hasste sie sie mehr als je zuvor. Der mechanische Lehrer hatte sie wieder und wieder in Geographie abgefragt und bei jedem Mal war sie schlechter gewesen, bis ihre Mutter bekümmert den Kopf geschüttelt und die Schulinspektion angerufen hatte.

Der Schulinspektor war ein runder kleiner Mann mit einem roten Gesicht gewesen, der eine ganze Kiste mit Instrumenten, Drähten und Werkzeugen bei sich getragen hat-te. Er hatte Margie angelächelt und ihr einen Apfel gegeben, dann hatte er sich über den mechanischen Lehrer hergemacht und ihn auseinander genommen. Margie hatte gehofft, dass er ihn nie wieder zusammenbringen würde, aber er hatte Bescheid gewusst, und nach einer Stunde oder so hatte das Ding wieder dagestanden, groß und schwarz und hässlich, mit einer großen Mattscheibe darauf, wo alle Lektionen gezeigt wurden, und mit einem Lautsprecher daneben, der die Fragen stellte. Aber das war nicht das Schlimmste. Der Teil, den Margie am meisten hasste, war ein Schlitz, in den sie die Hausarbeiten und die Antworten auf seine Fragen stecken musste. Alles das musste sie in einem Lochkode (System von verschlüsselten Zeichen) schreiben, den sie mit sechs Jahren gelernt hatte, und der mechanische Lehrer rechnete die Noten im Nu aus.

Margie trottete unlustig in ihr Schulzimmer. (…) Der mechanische Lehrer war bereits eingeschaltet und wartete auf sie. Der Unterricht fand jeden Tag um die gleiche Zeit statt, außer samstags und sonntags. (…) Der Bildschirm war erleuchtet, und der Lautsprecher sagte: „Unsere heutige Rechenaufgabe besteht aus der Addition einfacher Brüche. Bevor wir anfangen, steckst du die gestrige Hausarbeit in den Aufnahmeschlitz."

Margie gehorchte seufzend.

(Isaac Asimov: Die Schule der Zukunft. In: ders., Walter Brumm, Wilhelm Heyne, München 1966)

 ▶ *Was unterscheidet Margies Unterricht von eurem?*
▶ *Worin unterscheidet sich die Schule der Zukunft von der heutigen Schule? Was gefällt euch besser? Was würdet ihr vermissen?*
▶ *Schreibt Margie einen Brief, in dem ihr von eurem Unterricht und euren Lehrern erzählt.*
▶ *Stellt euch vor, ihr könntet Margie im Jahre 2157 besuchen. Denkt euch ein Gespräch mit Margie aus und spielt anschließend eine kleine Szene.*

Was Soaps-Stars über ihre Schulzeit denken

Kerstin Kramer, 25, spielt seit Winter 2000 die Rolle der Alexa Seifert bei „Verbotene Liebe":
Insgesamt bereitet die Schule zu wenig aufs Leben vor. Da gibt es kaum Spielräume. Ich wusste, wie meine Lehrer denken, habe ihnen zum Schluss nur noch nach dem Mund geredet. Dadurch waren meine Noten gut, und ich hatte meine Ruhe.

Ismail Sahin, 26, spielt seit Herbst 2002 die Rolle des Deniz Ergün bei „GZSZ":
Ich hatte in der Schule viel Spaß, der Zusammenhalt der Klasse war super. Ich glaube, wenn man sich mit den anderen Klassenkameraden gut versteht, geht man auch gern zur Schule. Meistens jedenfalls. Ich hatte nur dann Probleme, wenn Klassenarbeiten und Prüfungen anstanden. Ich habe übrigens erst im Kindergarten Deutsch gelernt, weil bei uns zu Hause nur türkisch gesprochen wurde. Trotzdem bestand ich meine Abschlussprüfung als Bester meines Jahrgangs.

Shirli Volk, 19, spielt seit Frühjahr 2001 die Rolle der Annika Kruse im „Marienhof":
Ich habe in der 10. Klasse mit einem guten Abschlusszeugnis das Gymnasium verlassen und diese Entscheidung bis heute nicht bereut. Ich wollte arbeiten, und die Schule machte mir auch nicht wirklich Spaß. Der Lehrer ist nach meiner Erfahrung mitentscheidend dafür, ob einem ein Fach gefällt.
(Aus: fluter, Nr. 5/2002. Bundeszentrale für politische Bildung(Hg.), Bonn 2002, S. 24 ff.) Q]

A ▶ *Erkundungsauftrag: Führt Interviews mit folgenden Personengruppen durch: Lehrerinnen und Lehrer – Eltern – Auszubildende oder Studenten. Bildet drei Interviewgruppen und befragt die Personen zu folgenden Sachverhalten:*
▶ *Wie hat sie die Schule auf das Leben in der Zukunft vorbereitet? Wie sieht es damit ihrer Ansicht nach in der heutigen Zeit aus?*
▶ *Was hat ihnen an der Schule am besten gefallen? Welche negativen Erinnerungen haben sie an ihre Schulzeit?*
▶ *Wie schätzen sie die damaligen Beziehungen der Schüler zu ihren Lehrern und der Schüler untereinander ein?*
▶ *Welche Veränderungen wünschen sie sich für die Schule?*

Unsere Wunsch-Schule

Stellt euch folgende Situation vor:

Ihr wohnt in Sonnenhof, einer wunderschön gelegenen alten Stadt mit vielen renovierten Häusern. Eure alte Schule ist baufällig und viel zu klein. Eine neue Schule muss her, und zwar eine, die für lange Zeit Bestand hat und alle Anforderungen erfüllt. So lautet endlich das Ergebnis einer langen Sitzung im Rathaus. Was muss alles bedacht werden? Welcher Architekt versteht, was unsere Schüler sich wünschen und kennt sich damit aus, was eine moderne Schule alles braucht? Ein Expertenteam befragt vier Architekten, was sie sich unter einer modernen Schule vorstellen.

1. Herr Großmann:

Als die Schüler noch Respekt vor den Lehrern hatten, war es viel einfacher, Ordnung und Disziplin durchzusetzen. Jetzt kommt es oft nicht zum Lernen, weil die Schüler machen, was sie wollen.

2. Frau Heller:

Die Schule soll ein Ort sein, wo Kinder und Jugendliche gemeinsam erwachsen werden, ein Ort der Begegnungen, bei dem es viel Raum zum Lernen und zum Üben gibt, um den Sinn des Daseins zu begreifen.

3. Herr Eichhorn:

Es kann nicht sein, dass der Lehrer vor der Klasse steht und redet und fragt und schreiben lässt. Die Schüler sind durch das Fernsehen und das Computerspiel gewöhnt, dass ihnen alles perfekt vorgesetzt wird. So muss auch das Lernen organisiert sein.

4. Frau Sorgenfrei:

Die Eltern haben die Hauptverantwortung für die Kinder, deshalb müssen sie dafür sorgen, dass sich ihre Kinder ordentlich benehmen. Wer nicht lernen will und von den Eltern nicht dazu angehalten wird, sollte gleich zu Hause bleiben.

> ▶ *Welche/r Architekt/in soll eure Wunsch-Schule bauen? Begründet eure Entscheidung!*
> ▶ *Bildet drei Projektgruppen! Jeweils ein Schüler der Projektgruppe spielt den Architekten, der die Fragen stellt und die Vorschläge aufschreibt. Wägt immer Vor- und Nachteile gründlich gegeneinander ab!*

1. Gruppe: Organisation des Lernens

Dazu könnten folgende Fragen gestellt werden:

z. B.

• Sollten nur Gleichaltrige eine Lerngruppe bilden, oder wäre es besser, Schüler unterschiedlichen Alters in einer Lerngemeinschaft zusammenzufassen?

Vorteile:	Nachteile:
unterschiedlich entwickelte Schüler können viel voneinander lernen	Lernen läßt sich schwer organisieren und kontrollieren

• Welche weiteren Fragen fallen euch ein?

2. Gruppe: Gestaltung des Unterrichts
Dazu könnten folgende Fragen gestellt werden:
z. B.

• Stellt Ihr euch den Unterricht nach Fächern getrennt vor, oder sollte es lieber Projekte geben, nach denen alles immer wieder neu sortiert wird?

Vorteile:
alle Fächer könnten sich mit dem gleichen Projekt befassen

Nachteile:
Gestaltung des Stundenplans und Lehrereinsatzes

• Welche weiteren Fragen sollten gestellt werden?

3. Gruppe: Gestaltung der unterrichtsfreien Zeit
Dazu könnten folgende Fragen gestellt werden:
z. B.

• Wird auch Freizeit in der Schule gestaltet? (Gibt es Hausaufgabenzimmer, Nachhilfe, Interessengemeinschaften am Nachmittag usw.)

Vorteile:
Räume und Unterrichtsmittel können für Freizeit sinnvoll genutzt werden

Nachteile:
Unterricht und Freizeit finden am gleichen Ort statt, das kann manchen abschrecken

• Welche weiteren Fragen fallen euch ein?

A
▸ Die drei „Architekten" stellen das Ergebnis der jeweiligen Gruppe vor und begründen ihre Vorschläge.
▸ Diskutiert gemeinsam, wie eure „Wunsch-Schule" beschaffen sein soll.

Ü
▸ Gestaltet mit den Ergebnissen der einzelnen Arbeitsgruppen eine Ausstellung „Unsere Wunsch-Schule". Neben den schriftlich festgehaltenen Ergebnissen könnt ihr die Ausstellung noch durch Bilder, Plakate oder Zeichnungen ergänzen.

Regeln für die Schule

Wenn ihr in eurer Wunsch-Schule kein Chaos haben wollt, dann müsst ihr Regeln auf-
stellen. Ihr könnt sie Schulregeln, Umgangsregeln, Verhaltensregeln oder Spielregeln
nennen. Ohne Spielregeln wüsste kein Mensch, was er beim Skatspielen mit den Karten
oder beim Fußballspielen mit dem Ball machen soll. Und genauso ist es in der Schule.

A ▶ *Passiert so etwas auch an eurer Schule? Lass den Lehrer und eines der Kinder auf
dem Foto sprechen. Was mögen sie denken und zu sagen haben? Schreibe ihre Äußerungen auf.*

Was in der Schule geregelt sein muss:

- Aufmerksamkeit und Disziplin im
  Unterricht
- Pünktlichkeit
- Ordnung und Sauberkeit

- Verhalten in der Pause
- Umgang miteinander
- Freizeit in der Schule

A ▶ *Bildet sechs Gruppen zu den oben stehenden Punkten und überlegt, welche Anforderungen ihr an die Schüler stellen möchtet, die „eure Schule" besuchen!*
▶ *Formuliert eure Anforderungen und beachtet dabei, dass es schon von der Formu-
lierung abhängt, wie gern man eine Anforderung erfüllt, z. B.*
a) Jeder soll pünktlich zum Unterricht erscheinen! – oder
b) Der Unterricht beginnt für alle Schüler pünktlich um 8.00 Uhr.

Ü ▶ *Erarbeitet eine Schulordnung, die euren Vorstellungen entspricht und stellt sie in der
Schule zur Diskussion. Entfacht eine Diskussion an einer Wandzeitung und fordert
andere Klassen auf, daran mitzuwirken. Vielleicht bekommt ihr wertvolle Überarbei-
tungshinweise, über die es sich lohnt zu diskutieren.*

Die Klasse als Gemeinschaft

„Eine harmonische Gemeinschaft, in der sich alle verstehen und keiner über den anderen herzieht – so sollte es in einer Klasse zugehen", schreibt Jana, Schülerin einer 6. Klasse.

Beschreibung der Situation	Buch-stabe	nie	ab und zu	oft	immer
1. Unser Unterricht verläuft meist interessant und abwechslungsreich.	U	0	1	2	3
2. Wir helfen einander, bis alle den Stoff beherrschen.	Z	0	1	2	3
3. Unter uns gibt es Spannungen.	K	3	2	1	0
4. Ich fühle mich in der Schule gestresst.	U	3	2	1	0
5. Wir haben eine gute Kameradschaft.	K	0	1	2	3
6. Wenn es darauf ankommt, denkt jeder nur an sich.	Z	3	2	1	0
7. Es kommen immer dieselben zu Wort.	U	3	2	1	0
8. Wir arbeiten in Gruppen zusammen.	Z	0	1	2	3
9. Ich mache nur, was ich muss.	U	3	2	1	0
10. Einzelne Schüler/innen sondern sich ab.	K	3	2	1	0
11. Die Lehrer/innen haben viel Geduld.	U	0	1	2	3
12. Ich wage nicht, mich zu Wort zu melden.	Z	3	2	1	0
13. Im Unterricht gibt es immer etwas, was mich freut.	U	0	1	2	3
14. Außerhalb der Schule haben wir uns nichts zu sagen.	K	3	2	1	0
15. Wir wechseln die Zusammensetzung von Arbeitsgruppen.	Z	0	1	2	3

 A ▶ *Fertige ein Testblatt an, indem du die oben stehende Übersicht ablichtest! Kreuze an, welche Aussagen in deiner Klasse zutreffen! Zähle die Punkte zusammen.*

U steht für Unterrichtsatmosphäre:

0–4 Punkte:
In eurem Unterricht klappt es nicht. So kannst du nur mit Mühe lernen. Überlege, was ihr ändern müsst, könnt, wollt.

5–9 Punkte:
Im Unterricht klappt es allgemein recht gut, obwohl es auch Schwankungen gibt.

10–15 Punkte:
Du bist in einer Schule, die sich alle wünschen.

Z steht für Zusammenarbeit:

0–4 Punkte:
Schade, dass so wenig zusammen gearbeitet wird. Die anderen sind schließlich nicht alle Dummköpfe, von denen nichts zu lernen wäre.

5–9 Punkte:
Mit der Zusammenarbeit kannst du zufrieden sein, auch wenn sie da und dort durchaus verbessert werden könnte.

10–15 Punkte:
Du gehörst zu einem idealen Team. Gratulation – weiter so!

K steht für Klassengemeinschaft:

0–4 Punkte:
Bewölkt! Die Klasse muss sich ernsthaft überlegen, wie diese missliche Situation verändert werden kann. So macht es keinen Spaß zusammen zu sein.

5–9 Punkte:
Du gehörst zu einer Klasse, die zusammenhält und sich gegenseitig akzeptiert, auch wenn es gelegentlich Schwierigkeiten gibt, die ihr lösen müsst.

10–15 Punkte:
In einer solchen Klasse wird Kameradschaft zum Erlebnis.

Ändern, aber wie?

Für freches Benehmen und lästige Antworten, für Schwatzen und Zettel herumgeben gibt es eine rote Karte, und die bedeutet: Der Lehrer schreibt auf die Karte die Gründe auf, weshalb der Schüler sie bekommt. Der muss sie von den Eltern unterschreiben lassen.

(Dieter)

Der Lehrer hatte mich einmal gewarnt, ich solle nicht so viel mit meinem Banknachbarn schwatzen, sonst brumme er mir eine Strafaufgabe auf. Eigentlich wollte ich mir Mühe geben, aber dann störte mich mein Banknachbar, indem er mich etwas fragte. Ich vergaß mich und gab ihm die Antwort. Genau dann erwischte mich mein Lehrer und gab nur mir eine Strafe. Da ich mich zu diesem Zeitpunkt gegen diese Ungerechtigkeit nicht wehren konnte, entschied ich mich, dem Lehrer anstatt des Aufsatzes einen kurzen Brief zu schreiben, um meine Situation zu erklären. Es ergab sich dann am nächsten Tag mit dem Lehrer ein gutes Gespräch.

(Linda)

Der Bösewicht kommt vor Gericht, das geht so: Wir haben in der Klasse ein Fass, und das ist voller kleiner Lose. Der Angeklagte zieht ein Los. Wenn er Glück hat, wird er durch das Los freigesprochen. Wenn er aber Pech hat, steht auf dem Los, was er tun muss: Zimmer aufkehren, Pausenplatz säubern, Aufsatz schreiben, rechnen, Turnhalle wischen. Man muss schon Glück haben, wenn man davonkommen will.

(Anton)

A ▸ *Wie haben andere Schüler aus verschiedenen Schulen ihre Lernatmosphäre durch-*
gesetzt? Was hältst du von den einzelnen Möglichkeiten?
▸ *Überlegt, ob es in eurer Klasse nötig ist, etwas zu verändern und denkt euch aus,*
mit welchen Mitteln ihr das erreichen könntet! Bedenkt immer, dass sich alle Schüler
in der Schule wohl fühlen sollen.

Ü *Unsere Klassenregeln*
▸ *Erarbeitet euch Regeln, die in eurer Klasse gültig sein sollen. Und so geht ihr vor:*
Zunächst schreibt jeder für sich das auf, was er für besonders wichtig hält (z. B.: Keine
Angst vor anderen Mitschülern haben zu müssen).
• *Diese Meinungsäußerungen werden in der Klasse für alle sichtbar einige Tage ausge-*
hängt.
• *Nachdem sich alle über die aufgestellten Regeln informiert haben, wird darüber abge-*
stimmt, welche für eure Klasse gelten sollen.
• *Sprecht mit eurem Lehrer darüber, welche Klassenregeln ihr gut findet.*

A ▸ *Lies zunächst auf Seite 38 im Lehrbuch, wie es Krissi ergangen ist.*

Streit wegen Krissi

Nachdem Krissi wochenlang voller Angst zur Schule gegangen war, wurde sie schließlich krank. Andrea, eine Mitschülerin, besuchte sie im Krankenhaus. Sie fühlte sich mitschuldig an der tiefen Verzweiflung, die Krissi aus den Augen sprach. Zaghaft entwickelte sich ein Gespräch, und als Krissi schließlich ihr Herz ausge-schüttet hatte, ging Andrea mit dem festen Vorsatz nach Hause, Krissi zu helfen.

Aber das war nicht so einfach, denn nach der Schil-derung ihres Krankenbesuches hatte sie fast alle gegen sich. „Die ist überhaupt nicht krank, und du fällst darauf rein, die hat nur keine Lust zur Schule zu kom-men" usw. Als sie Lars, ihren besten Freund, zur Rede stellte, kam es zu einem erbitterten Streit. Lars wollte, dass sie ihm nachmittags wie immer bei den Hausaufgaben hilft und dann mit ihm Computer spielt. Andrea hatte sich jedoch entschlossen, mit Krissi zu üben und ihr überhaupt zur Seite zu stehen, wenn sie ab Montag wieder zum Unterricht kommt. Lars fühlte sich allein gelassen und beschimpfte Andrea auf die gemeinste Weise ...

Hier kann nur noch Judith helfen. Sie hatte sich mit zehn anderen Schülern zur Streit-schlichterin ausbilden lassen und will jetzt ihren ersten Fall lösen. Sie hat gelernt, in vier Schritten vorzugehen.

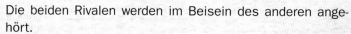

1. Schlichtung einleiten:
Die beiden Rivalen werden im Beisein des anderen ange-hört.
Judith forderte zuerst Lars, dann Andrea auf, den Konflikt darzustellen und verhinderte jede Unterbrechung.

2. Sachverhalt klären:
Die Streithähne sitzen sich gegenüber und formulieren deutlich ihre Auffassung. Sie sollen sich gegenseitig verste-hen. Es geht nicht um Schuldzuweisung, sondern um die Frage, warum es so gekommen ist.
Judith sitzt daneben und achtet darauf, dass Lars und Andrea beim Thema bleiben, denn Andrea ist traurig, dass Lars ihr Sachen an den Kopf wirft, die längst vorbei sind. Aber Judith schafft es, dass beide erklären, warum sie so wütend aufeinander sind.

3. Lösung suchen und Verständigung finden:
Hier darf es keinen Gewinner und keinen Verlierer geben. Beide müssen mit den Lösungen leben können.
Judith stellt beiden folgende Fragen: „Was bist du bereit zu tun?" und „Was erwartest du von Lars bzw. von Andrea?" Beide erkennen schließlich, dass jeder ein bisschen Recht hat.

4. Vereinbarung treffen und schriftlich festhalten:
Die beiden Streithähne schreiben auf, was sie sich vorneh-men. Das erhöht den Ernst der Situation und die Verpflich-tung.

A
▶ Schreibe auf, was nach deiner Meinung in den Punkten 2 bis 4 stehen könnte.
▶ Schreibe eine Streitsituation aus deiner Klasse auf und überlege, ob sie mit einem Streitschlichter anders ausgegangen wäre! Sprecht darüber.
▶ Wer würde sich aus deiner Sicht als Streitschlichter eignen? Beschreibe, wie der-jenige sein sollte.

Erfahrungen
des **Lebens**

2

2.1 Gefühle in meinem Leben

Gefühle entstehen einerseits in unserem Innersten aus natürlicher Veranlagung, und sie haben andererseits einen äußeren Anlass. Beide Faktoren sind von uns selbst nicht zu beeinflussen.

Wichtig ist jedoch, wie wir mit unseren Gefühlen umgehen. Nicht die Furcht oder der Zorn oder die Traurigkeit sind gut oder schlecht, wohl aber die Art und Weise, wie ich mich zu ihnen verhalte. Ob man beispielsweise aus Wut gewalttätig wird oder sich diesem Gefühl nicht ausliefert, davon ist die negative oder positive Beurteilung des Verhaltens abhängig.

Gefühle von Angst bis Zärtlichkeit

Emotionen und Gefühle!

Eins	*Liebe* für meine Eltern und Familie, wenn sie mich in den Arm nehmen und mir einen Kuss geben.
Zwei	*Egoismus*, als ich meinem Bruder meinen Hüpfball nicht geben wollte.
Drei	Gemein, als ich die Wände bemalte, die meine Mutter gerade frisch tapeziert hatte!
Vier	*Langeweile*, als ich in den Kindergarten kam und *ängstlich*, wenn ich in meinem Zimmer alleine im Dunkeln war.
Fünf	*Glücklich*, weil ich jetzt in einen anderen Kindergarten ging und *Liebe* zu meinem Hund Bello, den ich geschenkt bekommen hatte, weil ich so brav war.
Sechs	*Großzügigkeit*, als ich in den Laden ging und ein paar Süßigkeiten für meinen Bruder kaufte!
Sieben	*Unglücklich*, als ich mich mit meiner besten Freundin gestritten hatte, und neugierig, weil die Leute über mich redeten und ich nicht wusste, was sie sagten.
Acht	*Überrascht*, als es an meinem Geburtstag eine Überraschungsparty gab!
Neun	*Trauer*, als mein kleiner Cousin Tom bei der Geburt starb, aber *aufgeregt*, als meine Oma in Rente ging und es deshalb eine besondere Feier gab.
Zehn	*Heimweh*, als ich ohne meine Eltern in die Ferien fuhr, aber entspannt beim Faulenzen an den Sommernachmittagen.
Elf	*Hass* gegenüber meiner anderen Oma, als ich herausfand, dass sie früher meinen Vater und ihre anderen Kinder geschlagen hat. *Einsamkeit*, als alle meine Freunde und Freundinnen gemeinsam übernachten durften und ich nicht dabei sein konnte, und *Erleichterung*, als meine Cousine Kathrin gesund geboren wurde.

(Lisa, 11 Jahre. In: Ideas Bank: Ich ... werde erwachsen, Verlag an der Ruhr, Mülheim an der Ruhr 1998, S. 11) **Q**

▶ Kannst du dich erinnern, ein bestimmtes Gefühl zum ersten Mal erlebt zu haben? Kannst du Gefühle bestimmten Situationen zuordnen?

▶ Schreibe, wie es Lisa gemacht hat, zu Gefühlen entsprechende Situationen auf. Du kannst auch Gefühle erklären, die hier nicht aufgeführt sind.

Gemischte Gefühle

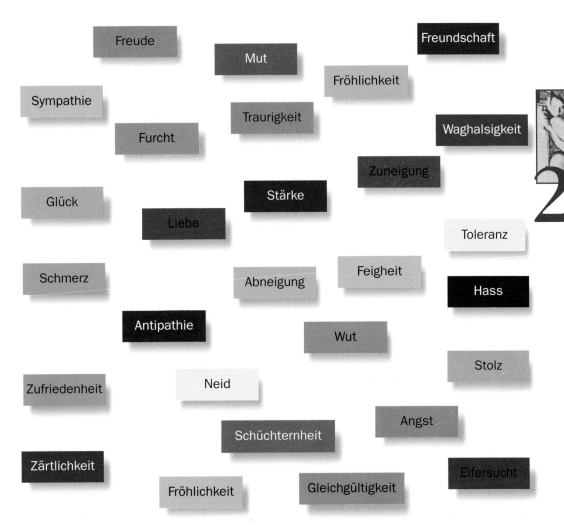

Freude

Mut

Freundschaft

Fröhlichkeit

Sympathie

Traurigkeit

Waghalsigkeit

Furcht

Zuneigung

Glück

Stärke

Liebe

Toleranz

Schmerz

Feigheit

Abneigung

Hass

Antipathie

Wut

Stolz

Zufriedenheit

Neid

Angst

Schüchternheit

Zärtlichkeit

Eifersucht

Fröhlichkeit

Gleichgültigkeit

 ▶ *Wähle dir zwei Gefühle aus, mit denen du eine kleine Geschichte erzählst. Das könnte z. B. so erfolgen, dass ein weniger positives Gefühl in ein positives Gefühl umschlägt. Du kannst die Geschichte in Form eines Märchens oder eines ausgedachten bzw. wirklichen Erlebnisses aufschreiben.*

 ▶ *Wähle dir einen Menschen aus (Freunde, Verwandte o. a.), für den du gemischte Gefühle hast. Schreibe zunächst auf, was dich ärgert oder was dir missfällt. Beginne jeden Satz mit den Formulierungen „Ich ärgere mich über dich, wenn du …" bzw. „Mich stört, dass du …". Schreibe nun auf, was du an dieser Person besonders magst. Beginne jeden Satz mit den Formulierungen „Ich schätze an dir, dass du …" oder „Ich freue mich, dass du …". Wer möchte, kann seine gemischten Gefühle den anderen in der Klasse vorlesen.*

Gefühls-Standbilder

So wird's gemacht:

- Jeweils zwei Mitspieler werden benötigt: einer ist der Bildhauer, der andere die Statue.
- Der Bildhauer baut die Statue so auf (Körperhaltung, Gestik, Mimik), wie er sich ein bestimmtes Gefühl vorstellt.
- Während des Arbeitens am Standbild spricht niemand, die Statue „erstarrt" nach Fertigstellung für ca. 30 Sekunden.

 ▶ *Bildet Partnergruppen. Stellt euch vor, der Partner ist wütend, zärtlich, ängstlich, zufrieden, mutig, gleichgültig, feige oder fröhlich. Wählt euch ein Gefühl aus, das ihr darstellen wollt. Die Zuschauer nennen das Gefühl, das sie gesehen haben.*

Einige Sätze, die fortgesetzt werden sollen

Am meisten freue ich mich (…)

Vor Wut platzen könnte ich (…)

Die Welt umarmen möchte ich (…)

Die meisten Menschen sind (…)

Richtig gut tut mir (…)

Jungen sind (fast) alle (sowieso) (…)

Ich könnte vor Glück in die Luft springen (…)

Mädchen sind (fast) alle (sowieso) (…)

Total fertig macht mich (…)

Leid tun mir (…)

Ganz wütend macht mich (…)

 ▶ *Setze die obigen Sätze fort, so wie es dir gerade in den Sinn kommt.*
▶ *Tauscht eure Sätze mit dem Banknachbarn aus: Äußert euch in der Klasse zu den Sätzen eures Partners:*
▶ *Was passt zu meinem Partner und warum?*
▶ *Worüber wundere ich mich und warum?*
▶ *Welche Gefühle habe ich insgesamt bei dem, was mein Partner geschrieben hat?*
▶ *Was hat mich neugierig gemacht, was möchte ich näher von ihm/ihr erläutert haben?*

Was mich glücklich macht

Menschen streben seit jeher nach Glück. Worin das Glück besteht und wie man es erreichen kann, darüber gingen die Meinungen der Menschen schon immer weit auseinander. Was einen Menschen glücklich macht, hängt insbesondere davon ab, was für eine Art Mensch er ist und was ihm wichtig erscheint. Bisweilen ist es sogar so, dass ein und derselbe Mensch seine Meinung zum Glück wechselt. Wird er krank, so sieht er das Glück in der Gesundheit, ist er arm, dann im Reichtum.

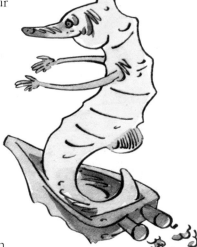

Die Fabel vom Seepferdchen

Es war einmal ein Seepferdchen, das eines Tages seine sieben Taler nahm und in die Ferne galoppierte, sein Glück zu suchen. Es war noch gar nicht weit gekommen, da traf es einen Aal, der zu ihm sagte:

„Psst. Hallo Kumpel. Wo willst du hin?"

„Ich bin unterwegs, mein Glück zu suchen", antwortete das Seepferdchen stolz.

„Da hast du's ja gut getroffen", sagte der Aal, „für vier Taler kannst du diese schnelle Flosse haben, damit kannst du viel schneller vorwärts kommen."

„Ei, das ist ja prima", sagte das Seepferdchen, bezahlte, zog die Flosse an und glitt mit doppelter Geschwindigkeit von dannen.

Bald kam es zu einem Schwamm, der es ansprach:

„Psst. Hallo, Kumpel. Wo willst du hin?"

„Ich bin unterwegs, mein Glück zu suchen", antwortete das Seepferdchen.

„Da hast du's ja gut getroffen", sagte der Schwamm, „für ein kleines Trinkgeld überlasse ich dir dieses Boot mit Düsenantrieb; damit könntest du schneller reisen."

Da kaufte das Seepferdchen das Boot mit seinem letzten Geld und sauste mit fünffacher Geschwindigkeit durch das Meer.

Bald traf es einen Haifisch, der zu ihm sagte:

„Psst. Hallo, Kumpel. Wo willst du hin?"

„Ich bin unterwegs, mein Glück zu suchen", antwortete das Seepferdchen.

„Da hast du's ja gut getroffen. Wenn du diese kleine Abkürzung machen willst", sagte der Haifisch und zeigte auf seinen geöffneten Rachen, „sparst du viel Zeit."

„Ei, vielen Dank", sagte das Seepferdchen und sauste in das Innere des Haifisches und wurde dort verschlungen.

(Robert F. Mager: Die Fabel vom Seepferdchen. Übers. v. Helga Monzen/Hermann Rademacher. In: Mager, Robert, F.: Lernziele und programmierter Unterricht. Weinheim 1965, S. 17)

 ▶ *Welche Antwort gibt die Fabel vom Seepferdchen auf die Glücksfrage? Übertrage die Moral der Fabel auf vergleichbare Situationen im Leben.*

„Man kann dir wirklich mit nichts mehr eine Freude machen."

A ▶ Denke darüber nach, was dem Glück nicht dienlich ist. Schreibe alles auf, was deiner Meinung nach nicht glücklich macht. Vergleicht die Ergebnisse.

Ü Meine Glücks-Hitliste

▶ Welche der angebotenen Punkte sind für dich besonders wichtig? Wähle dir zehn der achtzehn Punkte aus, schreibe sie in Stichpunkten in dein Arbeitsheft und ordne sie in einer zehnstufigen Rangfolge. Ergänze in deinem Heft, was für dich zutrifft, hier aber nicht aufgeführt ist.

- Ein eigenes Zimmer für mich haben.
- Ein tolles Mountainbike besitzen.
- In unserer Fußballmannschaft anerkannt sein.
- Einen Sechser mit Zusatzzahl im Lotto gewinnen.
- Mich mit meinen Geschwistern gut verstehen.
- Für ein Haustier Verantwortung tragen.
- Schwierige Computerspiele gut beherrschen.
- Eltern haben, die mich lieben und unterstützen.
- In der Schule gute Leistungen bringen.
- Einen eigenen Fernseher und Computer besitzen.

- Gut aussehen und Markenkleidung tragen.
- In einer Familie aufwachsen, in der alle zusammenhalten.
- Meinem Freund, meiner Freundin voll vertrauen können.
- In der Clique beliebt und anerkannt sein.
- Wenn ich anderen helfen oder ihnen etwas beibringen kann, was ich gut beherrsche.
- Dass ich meinen Papa, meine Mama, der/die nicht mehr bei uns wohnt, öfter sehe.
- Lob und Anerkennung durch andere erhalten.
- Meine Eltern mir alle Wünsche erfüllen.

Ü ▶ Ordne deinen Rangplätzen Punkte zu: Platz 1 = 10 Punkte, Platz 2 = 9 Punkte, Platz 3 = 8 Punkte usw.
▶ Wenn ihr alle Rangplätze zusammenzählt, die jeder von euch vergeben hat, erhaltet ihr eine Rangreihe, die für die Klasse insgesamt zutrifft.
▶ Vergleiche deine persönliche Rangreihe mit der der anderen Mädchen und Jungen. Wo stellst du die größten Ähnlichkeiten, wo die größten Unterschiede fest? Wie erklärst du dir das?

Das Recht des Krebses auf Glück

Ein Krebs möchte unbedingt vorwärts statt seitwärts gehen. Nach langem Üben gelingt es ihm auch. Als er sein Können der Familie glücklich vorführt, ist sie entsetzt. Der Vater verlangt, er solle das Haus verlassen, falls er auf dieser Fortbewegungstechnik beharre. Der Krebs verlässt entschlossen seine Familie. Aber auch in der Fremde stößt er auf wenig Verständnis, die Kröten nennen sein Verhalten respektlos und ekelhaft. Der Krebs aber bleibt standhaft. Schließlich trifft er einen Mann, der ihm berichtet, er habe in seiner Jugend versucht, Krebsen das Vorwärts-Gehen beizubringen, er habe aber damit sein Glück nicht gemacht und rate ihm daher dringend: Bescheide dich, lebe wie die anderen! Der Krebs aber bleibt standhaft, er will sein Glück machen und er glaubt, auf dem rechten Weg zu sein.

*(G. Rodari: Das Recht des Krebses auf Glück.
Zit. nach: Hans-Peter Mahnke: Orientierung
beim Erwachsen-werden, Ethik und Unterricht
3/2004, S. 30)* Q]

A ▶ *Schreibe einen Brief an den kleinen Krebs: „Wenn du mich fragst, so könntest du dein Glück machen, indem du ...“*

Redewendungen

- Glück und Glas, wie leicht bricht das
- das Glück des Tüchtigen –
- mehr Glück als Verstand haben
- sein Glück machen
- bei jemandem mit etwas Glück haben

- Glück muss der Mensch haben
- Glück im Unglück haben –
- auf gut Glück –
- von Glück sagen können –
- noch nichts von seinem Glück wissen
- das hat mir gerade noch zu meinem Glück gefehlt –
- dem Glücklichen schlägt keine Stunde
- das Glück liegt auf der Straße
- Glück hat auf die Dauer nur der Tüchtige
- glücklich ist, wer vergisst, was doch nicht zu ändern ist

A ▶ *Erläutere die Bedeutung der Redewendungen. Überlege dir zu den Redewendungen Beispiele und erkläre diese mit ihrer Hilfe.*
▶ *Wähle dir eine Redewendung aus, die dir besonders gefällt und die vielleicht sogar etwas mit dir zu tun hat. Zeichne zu dieser Redewendung ein Bild.*

Ich habe Angst vor ...

Alle Menschen haben zumindest ab und zu Angstgefühle. Hast du auch manchmal Angst vor einer Klassenarbeit, traust dich nicht, etwas zu fragen oder möchtest bei einer Mutprobe nicht mitmachen? Manchmal ist es gar nicht so dumm, ängstlich zu sein. Angst gehört zum Leben, sie wirkt wie ein Warnsignal. Besonders häufig wird das Gefühl der Angst verdrängt. Man fürchtet sich vor der Angst und wird gerade deshalb nicht mit ihr fertig, weil man sie nicht wahrhaben will.

▶ *Zeichne ein Bild, eine Karikatur oder erstelle eine Collage „Als ich einmal Angst hatte". Zur Information: Collagen sind zusammengesetzte Klebebilder aus verschiedenen Materialien (Fotos, Textbausteine u. a.).*

Wenn ich im Unterricht nach vorn gerufen werde, überkommt mich plötzlich ein unheimliches Angstgefühl. Das Blut schießt mir in den Kopf, die Hände sind ganz feucht. *(Janin G., 11 Jahre)*

Wenn sich Mutti und Vati streiten, müssen wir Kinder ins Kinderzimmer. Aber auch von dort hören wir, wie sich unsere Eltern anschreien. Ich habe Angst davor, dass alles noch schlimmer wird. *(Rico K., 12 Jahre)*

Große Hunde sind ein Schrecken für mich. Als ich etwa fünf Jahre alt war, hat mich ein großer Hund umgerannt und nach mir geschnappt. Das vergesse ich nie. Wenn ich jetzt einen Hund sehe, bekomme ich weiche Knie. *(Kathleen W., 12 Jahre)*

Ich habe dieses Jahr ziemliche Schwierigkeiten in der Schule. Es kann sein, dass ich nicht versetzt werde. Davor habe ich Angst. Mir wird ganz schlecht, wenn ich daran denke. *(Mary S. 12 Jahre)*

Auf dem Nachhauseweg von der Schule haben mir gestern größere Jungen 10 € weggenommen. Wenn ich das meinen Eltern erzähle, wollen sie mich verprügeln. Nun habe ich Angst vor dem Schulweg. *(Mario L., 11 Jahre)*

Meine Oma ist ins Krankenhaus gekommen und sofort operiert worden. Als wir am Sonntag bei ihr waren, sah sie ganz verändert aus. Ich habe Angst, dass sie stirbt. *(Bert M., 11 Jahre)*

▶ *Jeder überlegt sich zu folgenden Fragen entsprechende Antworten. Wer es möchte, kann seine Antworten in der Klasse vortragen.*
▶ *Wovor habe ich Angst?*
▶ *Wie verhalte ich mich, wenn ich Angst habe?*
▶ *Wem sage ich (nicht), dass ich Angst habe?*
▶ *Wann und wie verstecke ich meine Angst?*
▶ *Du kannst aber auch eine selbst erlebte oder ausgedachte Angstgeschichte (als Fabel, Märchen u. a.) aufschreiben.*

Redewendungen erklären
- die Hosen voll haben
- Angst ist wie ein Bremsklotz
- die Kehle wie zugeschnürt
- Angst ist wie ein großer Schatten
- Angst ist wie ein Warnsignal

> ▶ *Erkläre die Bedeutung der Redewendungen. Du kannst die Redewendungen auch zeichnen.*
>
> ▶ *Kennst du weitere Redewendungen, die mit der Angst etwas zu tun haben?*

Eine Pantomime

Angst lässt sich auch pantomimisch darstellen. Einige Vorschläge, welche Menschen ihr darstellen könnt, die Angst haben:
- Ein Sohn, mit dem seine Eltern wegen seiner schlechten Schulleistungen ein Gespräch führen.
- Ein Schüler, der neu in eine Klasse kommt.
- Ein Mädchen, das von anderen ausgelacht wird, wenn sie sich im Unterricht zu Wort meldet.
- Ein Schüler beim „Spicken".
- Ein Junge, der in seiner Clique auf Ablehnung stößt.
- Eltern, die abends auf ihre Tochter warten, die schon längst hätte zu Hause sein müssen.
- Ein Mädchen, dem von einer Mitschülerin die beste Freundin ausgespannt wird.
- Ein Schüler, der an seinen Fähigkeiten zweifelt, eine wichtige Klassenarbeit bestehen zu können.
- Ein Mädchen, das Angst vor Spinnen hat.
- Ein Schüler, der im Sportunterricht wegen seiner Ungeschicklichkeit von anderen gehänselt wird.
- Ein Junge, der sich davor fürchtet, die hohen Erwartungen seiner Eltern zu enttäuschen.

> ▶ *Die Beobachter finden heraus, welche Art von Angst dargestellt wurde. Die Angst vor ...*
>
> ▶ *Wie wurde die Angst dargestellt? Stelle fest, ob du deine Angst in solchen Situationen genauso oder anders zeigst.*
>
> ▶ *Ihr könnt auch Angstsituationen darstellen, die hier nicht aufgeführt sind. Freiwillige können ihre Angstgefühle unter dem Gesichtspunkt „Davor habe ich Angst" darstellen. Die Beurteilung erfolgt nach den bereits genannten Kriterien.*

Krissi weiß nicht weiter

Krissi erzählt: Ich habe Angst, morgens in die Schule zu gehen. Ich habe Angst vor den Mitschülern und vor dem, was da wieder passiert. Manchmal schließe ich mich in den Pausen auf dem Schulklo ein, einfach um von denen weg zu sein. Wenn ich in die Klasse will, wird manchmal der Eingang mit Tischen und Stühlen verbaut, mir mein Tisch geklaut, mein Stuhl versteckt oder in den Schrank geschlossen, meine Stifte kaputt gemacht, mein Stuhl nass gemacht oder angemalt. Wenn ich in den Pausen aus der Klasse raus will, steht oft Tom im Weg. Er ist der „Anführer"! Die meisten machen aber mit. Er schubst mich einfach weg und lässt mich nicht raus. Früher war ich eine gute Schülerin. Jetzt schreib ich nur noch Fünfen oder Sechsen. Ich traue mich auch kaum noch, im Unterricht mitzuarbeiten. Aus Angst, dass die mich auslachen. Zur Klassenfahrt bin ich auch nicht mitgefahren. Habe meinen Eltern Kranksein vorgespielt, so dass ich zu Hause bleiben konnte. Ich weiß nicht mehr weiter. Lange halte ich das nicht mehr aus.

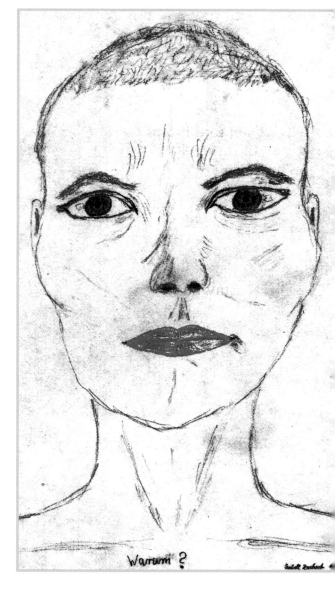

Warum ?

A ▶ *Redet darüber, wie Krissi geholfen werden kann. Was muss geschehen, damit sie ihre Angst verliert und wieder gerne in die Schule geht?*

Ü ▶ *Problemdiskussion: Spielen ähnliche Vorfälle in eurer Klasse eine Rolle? Beantworte zu Hause zwei Fragen: Bist du bereits Opfer solcher Vorkommnisse gewesen (Beispiele)? Hast du selbst gegen andere so gehandelt (Beispiele)? Die Antworten werden, damit sie anonym behandelt werden können, in Druckschrift oder mit dem Computer aufgeschrieben. Im Unterricht werden die Zettel eingesammelt und vom Lehrer vorgelesen. Anschließend werden die Fälle in der Klasse diskutiert.*

2.2 Mit Verlusten leben lernen

Von Zeit zu Zeit stellt uns das Leben vor unerwartete und überraschende Schwierigkeiten. Solche Probleme geben uns manchmal das Gefühl, ihnen ausgeliefert zu sein.
Nicht selten fühlen wir uns dann gefesselt und sehen zunächst keinen Ausweg. Später
erkennen wir zum Glück oft, dass sich Negatives auch in Positives verwandeln kann.
Auch wenn wir lange durch die Dunkelheit stolpern, erblicken wir am Ende meistens
wieder Licht. Dennoch ist es gut, wenn wir uns darauf einstellen, dass das Leben für
uns nicht nur beleuchtete, ebene Wege bereit hält.

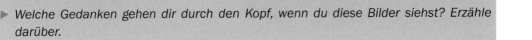

A ▸ *Welche Gedanken gehen dir durch den Kopf, wenn du diese Bilder siehst? Erzähle*
darüber.

Verlust heißt Abschied nehmen

Ein Brief

Liebe Evi,

unsere Lehrerin in LER hat sich wieder einmal was Tolles einfallen lassen. Wir sollen bis zur nächsten Stunde aufschreiben, was unter „Verlust" zu verstehen ist. Da sitze ich nun und weiß nicht weiter. Viel lieber schreibe ich dir ein paar Zeilen. Du hättest natürlich sofort eine Antwort gewusst. Ich bin eben nicht so schlau wie du. Aber meine liebste und beste Freundin bleibst du trotzdem.

Noch immer denke ich fast täglich an den Unfall mit meiner großen Schwester. Wie sie unter dem Bus lag und sich nicht mehr rührte. Seitdem hat sich bei uns so vieles verändert. So schlimm es klingt, wenn ich es jetzt aufschreibe, aber meine Eltern verstehen sich seit dem Tod meiner Schwester besser. Gab es früher fast täglich Streit, so passiert so etwas bei ihnen jetzt fast gar nicht mehr. Auch schmieden wir gemeinsam Pläne, wohin wir in den Urlaub fahren wollen. Mein Bruder und ich fühlen uns sehr wohl in unserer Familie. Damals wollten meine Eltern nicht in der Stadt wohnen bleiben, in der Linda gestorben ist. Für mich dagegen war es sehr schwer wegzugehen. Dort wurde ich geboren. Dort kannte ich jede Straße und jeden Winkel. Nur langsam gewöhne ich mich an die neue Umgebung. Was mir aber fehlt, das bist du!!! Mit dir konnte ich über alles quatschen. Denkst du auch manchmal an mich? Oder hast du mich schon vergessen?

Ruf doch mal an. Oder schreibe mir ein kleines Briefchen. Wenn dir etwas zu „Verlust" einfällt, kannst du es ja mitschreiben. Den Brief müsste ich aber bis Montag haben. Am Dienstag haben wir LER.

Lass dich drücken. Liebe Grüße, deine Ute

A ▶ *Versetze dich in die Lage von Evi und schreibe Ute einen Antwortbrief, mit dem du ihr deine Ansichten zu „Verlust" mitteilst.*

Ü Ein Rollenspiel

▸ *Denkt euch in Gruppen von vier Schülern schwierige Situationen aus, in die Familien geraten können. Beispiele für solche Situationen: wenn ein Mitglied der Familie die Arbeit verliert; wenn die Frau den Mann oder der Mann die Frau verliert; wenn ein Mitglied der Familie schwer krank wird; wenn eine Familie durch eine Naturkatastrophe ihr Hab und Gut verliert.*

▸ *Wählt euch eine Situation aus, die euch alle interessiert. Zeigt im Rollenspiel, wie die Familienmitglieder auf die Schwierigkeit reagieren. Was befürchten sie? Was hoffen sie? Entscheidet, ob ihr die Familie einen Ausweg finden lassen wollt oder ob die Situation ungelöst bleiben soll.*

(Nach: Sabine Alex und Klaus W. Vopel: Lehre mich nicht, lass mich lernen, Teil 2,

S. 146, Salzhausen 1995)

Michelle: Papa ist weg

Als meine Eltern im Sommer 1990 heirateten, war ich bereits vier Jahre alt und sie nahmen mich mit aufs Standesamt. Mein Bruder war noch zu klein. Zwei Jahre später war die große Liebe vorbei und sie trennten sich. Ich habe es nicht verstanden. […]

Wie sich herausstellte, hatten die beiden aber Probleme miteinander und die nur hervorragend abgeschirmt. An einem Sonntag im Sommer 1992 hatten sie sich so in den Flicken, dass ich nachts davon aufgewacht bin. Als ich von ihnen wissen wollte, was los ist, schickten sie mich wieder ins Bett.

Am nächsten Tag sagte meine Mama: „Dein Vater zieht aus." Sie war bitter enttäuscht und böse. […] Für mich brach eine Welt zusammen. Mein Bruder bekam das gar nicht richtig mit. Er war sehr auf unsere Mutter fixiert, hatte wenig Lust, mit unserem Vater zu reden oder mit ihm Fußball zu spielen.

Mama versuchte mich zu trösten: „Er ruft euch an, wenn er in der Stadt ist, und dann könnt ihr euch sehen." Was er zu mir sagte, war krass: „Ich habe damit abgeschlossen, zwei Kinder zu haben."

(Heide-Ulrike Wendt: Wir Scheidungskinder, Berlin 2003, S. 63 ff.) **Q**

A ▸ *Stell dir vor, Michelle ist deine beste Freundin und bittet dich um einen Rat, wie sie sich in dieser Situation verhalten soll. Welchen Ratschlag würdest du ihr geben?*

Ü ▸ *Schreibt in Gruppen von vier Schülern acht Grundsätze auf, die Eltern und Kinder bei einer Scheidung beachten müssen.*

▸ *Vier Grundsätze davon sollen den Eltern gelten. Beginnt sie mit den Worten:*
  • *„Eltern dürfen nicht …" bzw.*
  • *„Eltern sollen …"*

▸ *Vier Grundsätze sollen den Kindern gelten. Beginnt sie mit den Worten:*
  • *„Kinder haben das Recht …" bzw.*
  • *„Kinder dürfen nicht …"*

▸ *Schreibt die Dinge, die ihr herausgefunden habt, für alle sichtbar auf große Bögen. Besprecht die Vorschläge.*

(Nach: Sabine Alex und Klaus W. Vopel: Lehre mich nicht, lass mich lernen, Teil 2,

Salzhausen 1995, S. 145)

Jacob verlässt seine Heimat

In meiner Heimatregion im Südsudan wurde überall gekämpft. Die Schule war geschlossen. Mir blieb nur, nach den Tieren zu sehen und die meiste Zeit herumzuhängen. Lange Zeit träumte ich davon wegzulaufen. Irgendwohin, wo kein Krieg war, wo ich wieder zur Schule gehen konnte, wo es etwas zu essen gab und wo die Ziegen meines Vaters vor den Bomben sicher waren.

Nebenan lebte eine Frau mit ihren zwei Kindern. Ihr Mann war bei den Kämpfen umgekommen. Als sie schließlich das Dorf verließ, beschloss ich, dass nun auch für mich die Zeit gekommen war, fortzugehen. Also ging ich einfach, ohne jemandem etwas zu sagen. Noch nicht einmal meinem Vater.

Am ersten Tag aß ich nichts. Ich bin nur gelaufen. Am nächsten Tag fand ich die Frau, die in meinem Heimatdorf neben uns gewohnt hatte. Sie fragte mich, warum ich fortgegangen sei ohne jemanden, der auf mich aufpasste. Ich sagte ihr, ich hätte es nicht mehr ausgehalten, wie jeder nur noch versuchte, sich vor den Bomben in Sicherheit zu bringen. Sie sagte: „Du kannst mit uns kommen." Wir gingen tagelang.

Nach zehn Tagen starben die ersten Menschen aus unserer Gruppe. Eines Abends brach ein Mann auf der Straße zusammen und sagte, er könne nicht mehr laufen. Eine Stunde später war er tot. Wir überquerten einen weiteren Fluss, und Flugzeuge warfen Bomben auf uns ab. Ich war sehr müde und dachte, wir würden das rettende Lager niemals finden. Aber die Frau sagte: „Wir sind bald da. Wenn wir erst die Grenze nach Äthiopien hinter uns haben, ist alles vorbei." Drei Stunden später erreichten wir das Lager.

Hier sind viele Menschen aus dem Sudan. Sie sind genau wie ich. Dies ist der Ort, von dem ich geträumt habe. Ich gehe jetzt wieder zur Schule. Im Lager gibt es Essen und Medizin. Und das Geräusch von Flugzeugen macht mir nun keine Angst mehr, denn ich weiß, dass sie Nahrungsmittel bringen, keine Bomben.

(UNHCR: Flüchtlinge/Kinder. Oktober 1993: Jakobs Geschichte. Zit. in: Zeitlupe Nr. 32
„Menschen auf der Flucht", Bonn 1995, S. 9 f. – gekürzt)

A
▶ Welcher Traum erfüllte sich für Jakob, als er im Flüchtlingslager war?
▶ Wahrscheinlich hast du andere Träume von einem guten Leben. Wie kommt das?

Ü
▶ Erkundungsauftrag: Erkundigt euch bei Asylbewerbern, warum sie ihre Heimat verlassen mussten. Was bedeutet diesen Menschen der Verlust ihrer Heimat? Wie haben sie sich in Deutschland zurechtgefunden? Welche Chancen sehen sie für einen Neubeginn in Deutschland?

Ein Mensch verlässt die Welt

Der Tod eines geliebten Menschen ist die schmerzlichste Form eines Verlustes, die wir erfahren und erleiden können. Das Trauern hilft, über den Verlust eines Menschen hinwegzukommen und sich wieder dem Leben zuzuwenden. Jeder Mensch trauert aber anders.

Kinder über den Tod

Als meine Freundin Klara gestorben ist, habe ich viel geweint. Manchmal wurde ich auch wütend und habe um mich gehauen, auch wenn die anderen gar nichts dafür konnten. Oder ich wurde von einem Moment zum anderen völlig albern. Ich habe lange gebraucht, bis ich kapiert habe, dass ich Klara nie mehr wieder sehe. Wenn ich heute an sie denke, werde ich immer noch ganz traurig.
(Sabine, 11 Jahre)

Meine Oma ist vor ein paar Wochen gestorben. Sie war sehr krank und musste sich furchtbar quälen. Meine Eltern sagen, dass es besser für sie war zu sterben. Der Tod sei eine Erlösung gewesen. Sie sagen, dass Oma jetzt ganz zufrieden ist und keine Schmerzen mehr hat. Ich glaube, sie haben Recht. Trotzdem fehlt mir Oma sehr. Ich werde sie nie vergessen.
(Marcus, 12 Jahre)

Mein kleiner Bruder ist nur ein paar Wochen alt geworden. Ich finde das so ungerecht. Warum musste er so früh sterben? Meine Eltern sagen, dass sein Körper sich in Erde auflöst. Und dass er in unseren Herzen weiterleben wird, weil wir alle ihn so lieb gehabt haben. Meine Oma sagt wiederum, dass er bestimmt in den Himmel kommt. Ich kann mir das alles gar nicht richtig vorstellen.
(Ellen, 11 Jahre)

(Nach: Uta Brumann u. a.: Projekt Tod, Iserlohn 1998, S. 94)

A ▶ *Welche Gedanken gehen dir durch den Kopf, wenn du an den Tod denkst? Hast du selbst schon einmal um jemanden getrauert? Versuche das Gefühl zu beschreiben.*
▶ *Tauscht eure Erfahrungen untereinander aus.*

Wie kannst du jemandem beistehen, der trauert?

Wie würdest du auf folgende Sätze reagieren, wenn du gerade einen geliebten Menschen verloren hast:

- Das wird schon wieder!
- Ich habe auch so viel Schlimmes erlebt …
- Ich habe es ja auch überstanden.
- Weißt du, mir ging es damals noch schlimmer als dir.
- Nur Mut!
- Man muss eben tapfer sein und das mit Haltung tragen!

(Uta Brumann u. a.: Projekt Tod, Iserlohn 1998, S. 94)

A ▶ *Stell dir vor, die Oma einer Mitschülerin ist gestorben. Oder durch einen Verkehrsunfall sind die Eltern eines Mitschülers ums Leben gekommen. Was könntest du tun, um wirklich zu helfen?*

Servus Opa, sagte ich leise

„Der Opa ist tot!"

Die Gerlinde rüttelt mich, ich bekomme die Augen nicht ganz auf.

„Michi, der Opa ist gestorben!"

Ich sitze plötzlich kerzengerade im Bett. In meinem Bauch zieht sich was zusammen. Ich springe auf und schlüpfe in die Hausschuhe.

„Und jetzt?", frage ich und erwarte gar keine Antwort. Ich weiß nicht, was ich machen soll.

Meine Schwester starrt aus dem Fenster. Es ist noch dunkel draußen.

Die Tür zu Opas Zimmer ist nur angelehnt, ich höre leise Stimmen. Mit dem Fuß schiebe ich sie ein Stückchen weiter auf. Die Mama wendet mir den Rücken zu, sie steht vor Opas Bett. Der Papa sitzt in dem alten Ledersessel und starrt das Bild überm Bett an.

Plötzlich steht er auf und geht an die Tür. Er macht sie weit auf. Ich steh dem Papa gegenüber. Er legt einen Arm um meine Schulter und drückt meinen Arm so fest, dass es weh tut.

Der Opa liegt im Bett – es ist eigentlich wie immer. Er schläft. Nein, er schläft nicht. Die Gerlinde hat doch gesagt, dass der Opa tot ist.

Oder schläft er doch? Es sieht so aus. Und es sieht so aus, als würde er im Schlaf ein kleines bisschen lächeln. Seine Arme liegen auf der Bettdecke.

Die Mama zuckt zusammen, als sie mich sieht. Der Papa legt ihr sacht die Zeigefinger auf die Lippen.

„Jetzt hat der Opa keine Schmerzen mehr, Michi", sagt der Papa.

„Ja", antworte ich. „Ja."

Stimmt. Daran hab ich noch gar nicht gedacht. Vielleicht ist es für den Opa viel schöner, tot zu sein, als immer Schmerzen zu haben. Bestimmt sogar.

Mir wird plötzlich ganz leicht ums Herz.

„Dann geht es dem Opa ja gut!", sagte ich laut und ein bisschen erstaunt.

Die Mama schluchzte. „Ja, hoffentlich, jetzt wo er heimgegangen ist."

„Das mag der Opa nicht, wenn man so was Dummes sagt!", rufe ich. „Das hat er mir auf dem Friedhof erklärt. Der Opa ist gestorben! Einfach gestorben!"

Die Mama hat mir nicht zugehört. Ich warte, dass sie irgendwas sagt, aber sie weint nur leise vor sich hin.

Ich muss den Opa immerfort anschauen. Einfach gestorben.

So schnell geht das. Gestern hat er noch geatmet. Heute bewegt er sich nicht mehr. Mein Opa ist tot.

(Elfie Donnelly: Servus Opa, sagte ich leise. Hamburg 1995, S. 102 f.)

A ▸ Wie alt möchtest du werden? Warum ist es so, dass jüngere Menschen eher den Tod und ältere hingegen eher das Sterben fürchten. Wie erklärst du dir das?
  ▸ Was macht den Tod und das Sterben so beängstigend?

Ü ▸ Stell dir vor, du wüsstest, dass du nur noch einen Tag zu leben hättest. Was würdest du an diesem Tag tun? Entwirf für diesen Tag einen Tagesablauf.

Rituale des Todes

In jedem Kulturkreis finden wir feststehende Rituale, mit denen die Menschen Abschied von ihren Verstorbenen nehmen. Während früher die Gesellschaft Anteil an der Beerdigung nahm, sind Tod, Begräbnis und Trauer heute oft zur Privatangelegenheit geworden.

Bräuche christlicher Kultur

Die christlichen Bräuche unterscheiden sich je nach katholischer und protestantischer Kirchenzugehörigkeit erheblich. Zu einem katholischen Sterbenden wird ein Priester gerufen, der ihm die Beichte abnimmt, Absolution erteilt, die heilige Kommunion und die letzte Ölung mit vom Bischof gesegnetem Öl ausführt. Vor der Beisetzung werden Totengebete gesprochen, und am Tag der Beerdigung wird eine Form des Requiems rezitiert, der Leichnam im Sarg mit Weihrauch gesegnet und mit Weihwasser besprengt.

Auch bei den Protestanten kommt in der Regel der Pfarrer an das Sterbebett, um gemeinsam mit dem Sterbenden zu beten. Außerdem ist es üblich, bei dem Gemeinde-

gottesdienst am Sonntag nach einem Trauerfall ein kurzes Gebet für den Verstorbenen zu sprechen. Die Trauerandacht selbst kann in unterschiedlicher Form abgehalten werden und wird manchmal von Reden oder anderen Beiträgen der Angehörigen und engen Freunde ergänzt.

(Nach Brian Innes: Jenseits, der Tod und das Leben danach, Bindlach 1999, S. 68)

Trauerzug in Rumänien

▶ Erkundungsauftrag: Sprich mit älteren Menschen, welche Begräbnisrituale früher üblich waren. Erkundige dich, wie in der heutigen Zeit ein Begräbnis vonstatten geht. Erkunde, ob es Unterschiede zwischen den Beerdigungsritualen in der Stadt und auf dem Lande gibt. Wie nehmen nicht christlich gebundene Menschen von ihren Angehörigen Abschied?

Friedhöfe

Auf einem Friedhof kannst du viel über die Stadt und ihre Einwohner erfahren. Wenn du aufmerksam die Inschriften auf den Grabsteinen liest, erhältst du eine knappe Chronik über die Geschichte der Stadt.

Blumen und Lichter schmücken die Gräber

Erika S. – Frage: Wie alt ist der Brauch, Gräber mit Blumen zu schmücken und Lichter aufzustellen?

Antwort: Derartiger Grabschmuck soll seine Wurzeln bereits in vorchristlicher Zeit haben. Unsere germanischen Vorfahren sahen im Grün der Tannen und Eiben ein Symbol der Hoffnung und des Lebens, das man sich in der dunklen Jahreszeit in die Häuser holte. Die alten Ägypter legten sich dereinst ganze Totengärten mit Blumen, Gesträuch und Bäumen an, an deren Duft sich die Verstorbenen erfreuen und in deren Schatten sie lustwandeln sollten.

Auch die auf den Gräbern angezündeten Totenlichter, Kerzen und Ampeln haben ihre Tradition. Sie sollen Überbleibsel eines mittelalterlichen Brauches sein, demzufolge nachts auf den Kirchhöfen eine Kerze in einer Laterne oder in einem eigens dafür errichteten steinernen Lichthäuschen zu brennen hatte.

Diese Lichter sollten die Vorübergehenden mahnen, ein Gebet für die Verstorbenen zu sprechen. Abergläubische Menschen sahen darin jedoch eher ein Warnsignal, das sie abhalten sollte, in der Nacht den Gottesacker zu betreten.

(Nach: Uta Brumann u. a.: Projekt Tod. Iserlohn 1998, S. 113. In: NRZ, 19.11.96) **Q]**

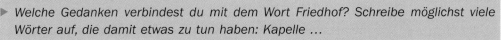

A ▶ *Welche Gedanken verbindest du mit dem Wort Friedhof? Schreibe möglichst viele Wörter auf, die damit etwas zu tun haben: Kapelle ...*

Hier liegt ein junges Öchselein,
des Tischlers Ochs sein Söhnelein.
Der liebe Gott hat nicht gewollt,
dass es ein Ochse werden sollt,
drum nahm er es aus dieser Welt
zu sich ins schöne Himmelszelt.
Der alte Ochs hat mit Bedacht,
Kind, Vers und Sarg alles selbst
gemacht.

Hier ruht ein seltner Advokat,
der Unrecht nie verteidigt hat
und Eintracht jedermann empfahl
Er starb im Hospital.

Ü ▸ Erkundungsauftrag: Besuche einen Friedhof. Schreibe Inschriften von Grabsteinen auf, die du besonders interessant findest. Kannst du dir vorstellen, dass in heutiger Zeit noch Grabsprüche auf Grabsteinen stehen? Schreibe selbst einen Grabspruch.

Totensonntag

Am letzten Sonntag im November gedenken Angehörige ihrer Toten, indem sie die Gräber ihrer Verstorbenen besuchen.

Christen nennen diesen Sonntag „Ewigkeitssonntag". Es ist der letzte Sonntag im Kirchenjahr. Da die Christen an die Auferstehung Jesu und an das ewige Leben glauben, ist für sie mit dem Tod nicht alles aus. Mit dem Tod beginnt für die Christen die Ewigkeit. Darum nennen sie diesen Sonntag „Ewigkeitssonntag". Er soll die Christen mahnen: Es gibt einen letzten Tag im Leben. Einmal sprechen wir unser letztes Wort. Nichts ist ewig. Nur Gott ist ewig. Ganz zuletzt wird er sein Urteil über unser Leben und die Weltgeschichte sprechen. Sein Richterspruch entscheidet über unsere Ewigkeit.

(Nach: Ernst Scheibe: Rund um den Kirchturm, Leipzig 1992, S. 161 f.) **Q**

A ▸ Erkunde, wie das Kirchenjahr eingeteilt ist. Wonach richtet sich diese Einteilung?

2.3 Was ist gerecht, was ungerecht?

Jeder kennt die Empörung, wenn man sich ungerecht behandelt fühlt: „Das ist gemein!",
„Das ist ungerecht!" – Das Empfinden für Gerechtigkeit ist schon sehr früh entwickelt.
Kinder haben ein sehr feines Gespür für sie.

Was ist denn gerecht?

Ich fühle mich ungerecht behandelt!

A

▶ *Betrachte die Bilder. Überlege, aus welchem Grund Menschen hier ausrufen könn-*
ten: „Ich fühle mich ungerecht behandelt!" Schildere weitere solcher Situationen.
▶ *Gibt es auch Situationen, in denen Menschen zu gut behandelt werden? Wird man*
dann auch ungerecht behandelt? Begründe deine Meinung.
▶ *Du hast dich doch bestimmt schon mehrmals ungerecht behandelt gefühlt. Überlege*
dir, wodurch dieses Gefühl ausgelöst worden ist. Berichte darüber.

Gerechtigkeitsgefühle entwickeln sich

1. Geschichte: Ein Junge wird zum Essen gerufen und geht ins Esszimmer. Hinter der
   Tür steht ein Tablett mit vier Tassen. Der Junge kann nicht wissen, dass das Tablett
   hinter der Tür steht. Als er die Tür aufmacht, stößt er mit ihr an das Tablett und alle
   vier Tassen zerbrechen.
2. Geschichte: Ein Junge geht in die Küche, während seine Mutter beim Einkaufen ist.
   Er will sich Bonbons holen, was er nicht darf. Er steigt auf einen Stuhl und versucht,
   an das Bonbonglas zu gelangen, das auf dem Küchenschrank steht. Dabei stößt er
   eine Tasse zu Boden. Sie zerbricht.

Viele Kinder bis zu etwa zum fünften Lebensjahr meinen, dass der Junge aus der ersten
Geschichte härter bestraft werden sollte, als der aus der zweiten Geschichte. Das halten sie für gerecht.

(Manfred Tücke: Entwicklungspsychologie des Kindes- und Jugendalters für (künftige) Lehrer,
Münster, LIT, 1999, S. 205 ff)

A

▶ *Denke dir ähnliche Situationspaare aus und beurteile sie unter dem Gesichtspunkt*
einer gerechten Strafe oder Belobigung.

Oberstes Prinzip: Gerechtigkeit

Seit der Antike, namentlich seit Aristoteles*, wird die Gerechtigkeit unterschieden nach „ausgleichender" und „verteilender" Gerechtigkeit. Der ausgleichenden Gerechtigkeit entspricht die Formel „Jedem das Gleiche", während der verteilenden Gerechtigkeit die Formel „Jedem das Seine" zugeordnet wird. Hinsichtlich der Unterschiede zwischen den Menschen kann der Grundsatz „Jedem das Gleiche" leicht in Ungerechtigkeit umschlagen. Von jedem z. B. die gleiche Steuer erheben zu wollen, würde den Armen ruinieren und den Reichen kaum belasten. Deshalb ergänzt der Grundsatz „Jedem das Seine" den ersten Grundsatz. Je nach individueller Lage soll der Einzelne das erhalten, was ihm zumutbar ist. Dem Reichen kann wegen der Steuergerechtigkeit ein höherer Anteil an Steuern zugemutet werden als den Armen.

Ausgleichende Gerechtigkeit	Verteilungsgerechtigkeit
Sie betrifft das Verhalten der Mitglieder einer Gesellschaft untereinander und ist entscheidend für ein friedliches und anregendes Zusammenleben in den verschiedenen Lebensbereichen, z. B. durch • Gleichbehandlung aller Bürger vor dem Gesetz; • keine Duldung von Benachteiligungen (z. B. „unbestechliche Richter"); • Gleichwertigkeit im Austausch von Gütern oder Leistungen; • Strafen, die zur Schwere der Schuld passen.	Sie richtet sich als Forderung an den, der etwas zu verteilen hat, was Hilfen und Belastungen, Rechte und Pflichten angeht: die Eltern gegenüber ihren Kindern, Reiche gegenüber Armen, der Staat gegenüber seinen Bürgern, z. B. durch • Steuern, deren Höhe vom Einkommen abhängen; • finanzielle Unterstützung ärmerer Bürger; • Sicherstellung einer Grundversorgung in den Bereichen Gesundheit, Bildung; • Unterhaltsleistungen geschiedener Eltern an ihre unterhaltsberechtigten Kinder.

Gerechtigkeit im Christentum: Das Gleichnis von den Arbeitern im Weinberg

Das Himmelreich ist einem Hausherrn[1] gleich, der in der Frühe ausging, um Arbeiter für seinen Weinberg anzuwerben. Er einigte sich mit den Arbeitern auf einen Tageslohn von einem Denar[2] und schickte sie dann in seinen Weinberg. Als er um neun Uhr wieder auf den Markt kam und dort andere untätig herumstehen sah, sagte er zu ihnen: „Geht ihr auch in meinen Weinberg. Ich will euch dann geben, was Recht ist." Und sie gingen hin. Dann kam er nochmals um zwölf und um drei Uhr und verfuhr in derselben Weise. Als er um fünf Uhr kam, fand er andere herumstehen und sagte zu ihnen: „Was steht ihr hier den ganzen Tag untätig herum?" Sie entgegneten: „Uns hat niemand angeworben." Da sagte er: „Dann geht auch ihr in meinen Weinberg!" Als es dann Abend geworden war, sagte der Herr zu seinem Verwalter: „Rufe die Arbeiter und zahle ihnen ihren Lohn aus, angefangen bei den Letzten bis hin zu den Ersten!" Da traten die um fünf Uhr Angeworbenen heran und empfingen je einen Denar. Und als die Ersten an die Reihe kamen, dachten sie, sie würden mehr bekommen; doch auch sie erhielten das gleiche: je einen Denar. Als sie den bekamen, begehrten sie auf gegen den Herrn und sagten: „Die Letzten hier haben nur eine Stunde gearbeitet und du hast sie uns gleichgestellt, die wir die ganze Last der Tagesarbeit und die Hitze getragen haben!" Er antwortete einem von ihnen: „Freund, ich tue dir kein Unrecht. Hattest du dich nicht auf einen Denar mit mir geeinigt? So nimm deinen Lohn und geh! Doch es ist mein Wille, diesem Letzten hier das Gleiche zu geben wie dir! Sollte es mir nicht freistehen, mit meinem Eigentum zu machen, was ich will? Oder schaust du so böse drein, weil ich so gütig bin?" So werden die Letzten Erste und die Ersten Letzte sein.

(Ist der Hausherr ungerecht oder gut? In: Das Neue Testament. Mat. 20, 1 —16. Übers. u.
komm. V. Ulrich Wilckens, Gütersloher Verlagshaus, Gütersloh 1991)

¹ *hier gemeint: Gutsherr;* ² *Denar: damalige Währungseinheit*

Weinberg

A ▸ Diskutiert die folgenden Meinungen:
  • *Der Gutsherr handelt wie vereinbart, weil er den Ersten das gibt, was miteinander vereinbart wurde.*
  • *Der Gutsherr handelt ungerecht, weil er allen den gleichen Lohn bezahlt, unabhängig davon wie lange jeder gearbeitet hat.*
  • *Der Gutsherr handelt großzügig, weil er auch die Letzten nicht mit einem Hungerlohn abspeist.*
  • *Was der Gutsherr tut, ist vollkommen willkürlich.*
▸ *Ist der Gutsherr ungerecht oder gerecht? Versuche die Aussage der Gleichniserzählung in einem Satz zusammenzufassen.*

[*Taschengeld: Was wäre wenn ...*

... alle Kinder vom Staat Taschengeld bekämen? Gleich viel! Ohne Ausnahme!

... dann wäre das sehr gerecht, denn dann könnten sich alle Kinder gleich viel Eis und Schlecker und Kaugummis und Micky-Maus-Hefte kaufen.

... aber dann würden manche Kinder von ihren Eltern noch etwas dazu kriegen und manche nicht, und dann wäre wieder alles ungerecht!

... dann müsste man eben ein Gesetz machen, welches verbietet, dass die Eltern etwas drauflegen. Eltern rücken ohnehin nicht gern Geld raus. Wenn's verboten wäre, würden sie sich garantiert daran halten!

... aber manche Kinder sind sparsam und manche nicht. Die einen würden ihr Staats-Taschengeld gleich am Morgen ausgeben, und die anderen würden es ins Sparschwein stecken, und nach ein paar Monaten wären diese Kinder – im Vergleich zu den anderen – wieder reich!

... dann müsste eben noch ein Gesetz gemacht werden! Eines, das bestimmt, dass alles Geld am letzten Tag des Jahres seinen Wert verliert. Dann wären am ersten Tag des neuen Jahres alle fetten Sparschweine keinen löchrigen Heller wert.

... und sogar meine geizige Schwester würde in der letzten Woche des Jahres nicht mehr geizig sein.

... und gar nicht so empört greinen, dass ich ihr endlich die geborgten zehn Pfennig zurückgeben soll!

(*Christine Nöstlinger: Was wäre wenn ... In: Wilfried Bütow u. a. (Hg.): Kleine Leute große Leute, Berlin 1993, S. 8 f.*)]

Ü ▶ *Problemdiskussion: In einer 5. Klasse entbrannte ein Streit über das Taschengeld, und zwar darüber, dass einige ein festes oder gelegentliches Taschengeld bekommen und andere gar keines. Diskutiert, wie die Vergabe von Taschengeld gerecht erfolgen kann. Was wäre im Unterschied dazu ungerecht? Folgende Fragen könnten bei eurer Diskussion eine Rolle spielen: Soll jeder das gleiche Taschengeld erhalten? Gilt das unabhängig davon, ob der Taschengeldempfänger fleißig oder faul, ob er ein guter oder ein schlechter Schüler ist? Sollten diejenigen mehr Taschengeld erhalten, die größere Ansprüche stellen? Und andererseits diejenigen weniger, die bescheiden sind? Welche Bedeutung haben die beiden Formeln der Gerechtigkeit „Jedem das Gleiche" und „Jedem das Seine" für den Erhalt von Taschengeld?*

Vier Fälle: Sandra, Fred, Marie und Eric

Sandra:
Mir macht die Schule Spaß, und ich bringe auch bessere Zensuren nach Hause als meine Schwester. Das wird in meiner Familie als selbstverständlich angesehen. Wenn meine Schwester eine gute Zensur bekommt, wird sie von meinen Eltern gelobt und alle tun so, als ob das ganz was Tolles ist. Wenn ich eine Eins kriege, sagt keiner was.

Fred:
Vor anderthalb Jahren habe ich eine große Dummheit begangen und aus der Jackentasche eines Mitschülers 10 € gestohlen. Eine Mitschülerin beobachtete den Diebstahl. Ich musste dafür tüchtig büßen. Wenn jetzt aber – nach so langer Zeit – etwas fehlt, werde ich noch immer verantwortlich gemacht. Ich habe aber versprochen, so etwas nie wieder zu tun. Und daran halte ich mich auch.

Marie:
Meine Eltern sind geschieden. Aller 14 Tage verbringe ich mit meinem Bruder das Wochenende bei meinem Vater. Ich merke, dass mein Vater mich nicht mag. Darüber bin ich sehr enttäuscht. Mein Bruder darf alles und bekommt alles. Heute sind wir Einkaufen gewesen. Er durfte sich Inline Skates kaufen. Als ich etwas wollte, hatte er plötzlich keine Zeit mehr.

Eric:
Ich habe gesehen, wie mein bester Freund aus der Schultasche eines Mitschülers ein Videospiel geklaut hat. Nun wird Tommy, den ich überhaupt nicht leiden kann, des Diebstahls bezichtigt. Ich bin hin und her gerissen, was ich tun soll. Ich kann doch meinen besten Freund nicht verraten.

A ▶ *Welche Ratschläge würdest du Sandra, Fred, Marie und Eric geben, wie sie es anstellen sollen, Gerechtigkeit einzufordern?*

Ü ▶ *Übung: „Rollenspiel zu Gerechtigkeit": Schreibe auf einem Kärtchen eine Situation auf, in der du schon einmal ungerecht behandelt worden bist, z. B. „Ich habe in der mündlichen Leistungskontrolle eine bessere Zensur verdient" oder „Ich fühle mich von vielen in der Klasse missachtet." Danach werden die Kärtchen vermischt und an verschiedene Gruppen verteilt. Jede Gruppe zieht ein Kärtchen und gestaltet zu dem beschriebenen „Gerechtigkeitsfall" ein Rollenspiel mit der Lösung des Problems. Danach werden die Spiele vorgeführt und diskutiert.*

Wiedergutmachung von Unrecht

Unrecht ist schnell geschehen. Die Opfer von Unrecht leiden darunter weitaus länger. Sie erleiden körperliche Gewalt, wenn sie geschlagen, getreten oder weggestoßen werden. Ihre Seele nimmt Schaden, wenn man sie erniedrigt oder beleidigt. Auch wenn persönliches Eigentum weggenommen oder beschädigt wird, belastet das die geschädigte Person. Was soll mit den Verursachern von Unrecht geschehen? Wie kann den Opfern geholfen werden? Während in einem Fall vielleicht eine Entschuldigung zur Wiedergutmachung ausreicht, bedarf es in einem anderen Fall, der größere Schäden anrichtete, anderer Möglichkeiten der Bewältigung von Unrecht.

Sich wieder versöhnen

Andi und Stefanie sitzen in der Schule zusammen. Bis heute haben sie sich immer gut vertragen. In der Mathestunde gab es einen tüchtigen Krach zwischen ihnen. Und das kam so: Stefanie hatte die Aufgaben schon fertig gerechnet, während Andi einfach nicht vorankam. „Ich finde nicht den Lösungsweg. Kannst du mir bitte mal helfen?", meinte Andi zu Stefanie. „Das ist doch kinderleicht. Wieso kapierst du das nicht?" Sogar mein kleiner Bruder könnte die Aufgabe lösen", antwortete Stefanie.

Das war für Andi zu viel: „Von dir alten Brillenschlange lass ich mir überhaupt nicht helfen." Stefanie blickte Andi ganz erschrocken an. Dann vergrub sie ihr Gesicht in die Hände und begann zu weinen.

Liebe Stefanie,

ich habe mich gestern furchtbar blöd benommen. Das mit der Brillenschlange ist mir nur so rausgerutscht. In Wirklichkeit siehst du mit deiner Brille ganz süß aus. Ich war nur verärgert, weil du mich als beklopt hingestellt hast. Wollen wir uns wieder vertragen?

Dein Andi

A ▸ *Schreibe auf, welche weiteren Möglichkeiten der Aussöhnung du kennst.*
  ▸ *Gibt es eine Grenze für dich, wo eine Aussöhnung von Unrecht durch eine einfache Entschuldigung nicht ausreicht?*

Strafe statt Rache

Das Gesetz also und die Vollziehung desselben, die Strafe, sind wesentlich auf die Zukunft gerichtet, nicht auf die Vergangenheit. Dies unterscheidet Strafe von Rache, welche letztere lediglich durch das Geschehene, also das Vergangene als solches, motiviert ist. Alle Vergeltung des Unrechts durch Zufügen eines Schmerzes ohne Zweck für die Zukunft ist Rache und kann keinen anderen Zweck haben, als durch den Anblick des fremden Leidens, welches man selbst verursacht hat, sich über das selbst erlittene zu trösten. Solches ist Bosheit und Grausamkeit und ethisch nicht zu rechtfertigen.

(Arthur Schopenhauer: Die Welt als Wille und Vorstellung, Werke in zehn Bänden, Bd. 2,
Diogenes, Zürich 1977, S. 433) **Q**

„Beißt dich ein Hund, und du beißt ihn nicht wieder, so sagt er, du habest keine Zähne.“

„Verzeihen ist die beste Rache.“

„Rache macht ein kleines Recht zu großem Unrecht.“

„Rache ist süß.“

Dantes Hölle,
28. Gesang (34)
Zeichnung von
Gustav Doré

A

▶ *Erkläre, was für den Philosophen Schopenhauer die Strafe gegenüber der Rache auszeichnet.*

▶ *Was ist damit gemeint, dass Strafe – anders als Rache – „auf die Zukunft gerichtet"*
sei? Überprüfe mit dieser Unterscheidung Strafen, die du aus der Schule oder von
zu Hause kennst.

Sinn und Zweck von Strafe

Abschreckende Strafen für jugendliche Straftäter gefordert

Hartes Durchgreifen auch bei Ladendiebstahl gefordert

Politiker fordern geschlossene Heime für junge Straftäter

„... da hilft nur noch der Jugendknast!"

(nach: Wochenschau Nr. 2/2002) **Q]**

Beabsichtigte Wirkung beim Täter	**Beabsichtigte Wirkung bei allen anderen**
• Individuelle Abschreckung („Denkzettel"	
• Resozialisierung („Erziehung")	• Abschreckung
• Gewahrsam auf Zeit („Sicherung")	• Verarbeitung von Rachegelüsten

dadurch:

Allgemeines Ziel des Strafens: Schutz der elementaren Werte des Gemeinschaftslebens.

(Heribert Ostendorf: Vom Sinn und Zweck des Strafens. In: Informationen zur politischen Bildung, Nr.248/1999) **Q]**

Graffiti-Malerei

Jugendliche besprühen immer wieder Hauswände, Container, Eisenbahn- und Straßenbahnwaggons mit Graffiti. Die Sachbeschädigungen richten Schäden in Millionenhöhe an. Die Täter sehen das Unrecht ihrer Tat selten ein. Laut Strafgesetzbuch können die Urheber mit bis zu drei Jahren Haft rechnen. Meist bleibt es jedoch bei gemeinnütziger Arbeit, selten werden Geldstrafen verhängt.

Die beschmierte Fassade einens frisch verputzten Hauses

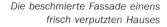

A ▶ *Inwiefern sind gemeinnützige Hilfsdienste eine sinnvolle Strafe? Welche beabsichtigte Wirkung steht bei dieser Strafe im Vordergrund? Diskutiert darüber anhand des Schemas zu Sinn und Zweck von Strafe und vergleicht gemeinnützige Hilfsdienste mit anderen möglichen Strafen (Haftstrafe, Geldstrafe).*
▶ *Welche Strafen haltet ihr für gerechtfertigt, wenn Altersgefährten von euch beispielsweise Schulmöbel mutwillig zerstören oder Gebäudeteile der Schule beschmieren?*

Täter-Opfer-Ausgleich

Strafe ist eine Möglichkeit, auf Unrecht zu reagieren. Beim Täter-Opfer-Ausgleich geschieht etwas anderes: Schadenswiedergutmachung hat Vorrang vor Strafe. Bei einem Täter-Opfer-Ausgleich sollen vor allem die Belange des Opfers berücksichtigt werden – der Täter soll sich bemühen, den angerichteten Schaden wieder gutzumachen, dem Opfer die Angst vor weiterem Unrecht genommen werden.

Zusammengeschlagen

Markus hatte Tobias vor einem Cafe in Chochem an der Mosel krankenhausreif geschlagen, weil er glaubte, von ihm ausgelacht zu werden. Tobias erstattete Anzeige wegen Körperverletzung. Das Verfahren hätte den üblichen Verlauf durch die Instanzen (Behörden) genommen, wäre nicht der Jugendstaatsanwalt auf die Idee des Ausgleichs gekommen. So landete die Akte auf dem Schreibtisch des Jugendgerichtshelfers Thomas Mau-

rer. Er bat Markus ins Jugendamt. Der fühlte sich noch immer unschuldig. Dennoch stimmte er einem Treffen mit Tobias zu. Es kam zu einem klärenden Gespräch zwischen Täter und Opfer. Vor dem Jugendgerichtshelfer schilderte jeder den Fall aus seiner Sicht. (…) Tobias berichtete von seinen Verletzungen und Schmerzen. „Das tut mir dann doch leid", gab Markus kleinlaut zu. Schließlich unterschreiben beide einen Vertrag: Markus zahlt 100 € Schmerzensgeld an Tobias, dafür zieht der seine Anzeige zurück. Da Markus „blank" war, wurde das Geld aus dem eigens für den Täter-Opfer-Ausgleich eingerichteten Opferfonds an Tobias gezahlt. Dafür absolvierte Markus beim Sozialdienst der Caritas 20 Arbeitsstunden.

(Aus: Jugend und Gewalt. Eine Dokumentation der Rhein-Zeitung, Dezember 1998) **Q]**

A ▸ *Was würde passieren, wenn sich Markus und Tobias nicht einigen könnten? Wie würde nach deiner Auffassung ein Gerichtsverfahren ausgehen?*

Ü **Ein Rollenspiel zum Täter-Opfer-Ausgleich**

▸ *Überlegt euch in Gruppenarbeit Situationen, die sich als „Täter-Opfer-Ausgleich" eignen. Sie können sich in der Schule, der Klasse oder in der Freizeit abspielen.*

▸ *Wie kann ein Treffen zwischen dem Opfer und dem Täter vor sich gehen? Auf welche Lösungen könnten sich die Beteiligten einigen? Worin bestehen jeweils die Vorteile/Nachteile für das Opfer und den Täter? Entscheidet euch in der Gruppe für einen Ablauf, den ihr am wahrscheinlichsten haltet.*

▸ *Jeweils zwei Schüler aus einer Gruppe spielen die ausgewählte Situation vor. Ein Schüler, der als Jugendgerichtshelfer fungiert, leitet das Treffen zwischen Opfer und Täter. Die Klasse beobachtet die Spielszenen und macht sich Notizen. Sie notiert, ob sich im Lauf der Szene etwas verändert, ob sich Täter und Opfer näher kommen, aufeinander zugehen … Gelingt es ihnen die angestrebte Vereinbarung (den Täter-Opfer-Ausgleich) zu treffen?*

2.4 Erfolg haben – Misserfolg aushalten

Jeder Mensch braucht Erfolge. Sie spornen an, stärken das Selbstbewusstsein und machen zufrieden.

Misserfolge dagegen entmutigen oft. Sie zerstören das Selbstvertrauen und schaffen Minderwertigkeitsgefühle. Und trotzdem gehören auch Misserfolge zu unserem Leben. Man darf sich nur nicht von ihnen unterkriegen lassen.

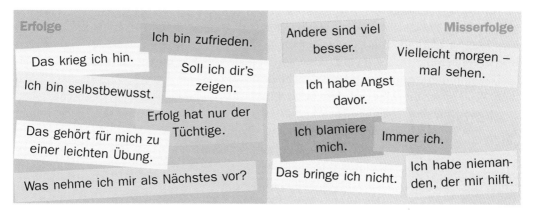

 ▶ *Wähle dir aus der linken Spalte Wortgruppen aus, mit der du eine kurze „Erfolgsgeschichte" schreibst. Schreibe unter Verwendung von Wortgruppen aus der rechten Spalte die Geschichte so um, dass daraus ein Misserfolg entsteht.*

Erfolg fällt nicht vom Himmel

Verlange nichts Unmögliches von dir und anderen, um nicht Misserfolge herbeizuführen, aber überschreite das Mögliche immer gerade so, dass neue Erfolgserlebnisse entstehen.

Sprichwörter zum Erfolg

Ohne Fleiß	wird man klug.
Ein erfolgreicher Mensch	mach ich's gut.
Aus Fehlern	ist glücklich.
Hab' ich Mut	kein Preis.

 ▶ *Verbinde die zusammengehörigen Satzteile, sodass sinnvolle Redewendungen entstehen. Wähle dir eine Redewendung aus und schreibe ein Märchen, das etwas mit Erfolg zu tun hat. Das Märchen könnte wie folgt beginnen: Es war einmal …*

Erwachsene über Erfolg

Gudrun Wilde-Weickert, 44 Jahre: Um den Genuss am Erfolg abzurunden, ist es wichtig, dass ich das Getane würdige; vor mir selbst (Eigenlob stimmt!) und auch im Umgang mit anderen („Schön, dass du das gemacht hast"). So sind wir erfolgreiche Menschen.

Ingrid Müller, 49 Jahre: Ein Jugendlicher übt an einer Halfpipe: immer wieder, bis der Sprung auf das Podest und in die Halfpipe zurück klappt. Hartnäckigkeit, Neugier, Stolz, Freude – das ist die Ernte, die wir einfahren, wenn wir erfolgreich sind. Ich liebe meine Arbeit als Schulleiterin. Ich freue mich über Erfolge, bei mir und anderen. Wenn es nicht klappt: weiterüben. Und nachforschen: Liegt die Latte, die ich überspringen will, zu hoch? Dann runter damit und noch einmal versuchen.

(Aus: chrismon Nr. 07/2002, S. 47) **Q**

Ü
- ▸ Schreibe auf, was für dich Erfolg bedeutet. Vollende den Satz: Erfolg ist, wenn ...
- ▸ Vergleicht eure Ergebnisse und diskutiert darüber.

Ulrikes „Vier"

Ulrike kommt strahlend aus der Schule. Sie kann es noch gar nicht fassen: Endlich eine Vier im Diktat geschrieben, eine glatte, runde, richtige Vier! Endlich hat ihr vieles Üben einmal einen Sinn gehabt und Erfolg gebracht! Ulrike ist stolz! Nur schnell nach Hause! Sie muss es gleich Mutter sagen, ganz schnell, damit sie sich mitfreuen kann. Ulrike rennt und hastet nach Hause. Mutter steht im Garten und unterhält sich mit einer Nachbarin. Da kann es Ulrike nicht mehr für sich behalten.

„Mutti!", ruft sie schon an der Gartentür, „Mutti, ich habe eine Vier im Diktat, eine richtige Vier!" Mutter wirft einen unsicheren Blick zur Nachbarin, verabschiedet sich schnell, und dann sagt sie: „Ja ja, Ulrike, komm mit rein." Sie geht in die Küche. Ulrike folgt ihr enttäuscht. „Freust du dich denn gar nicht über meine Vier?" „Doch, doch, sicher", sagt Mutter. „Natürlich freue ich mich. Aber muss denn gleich jeder hören, wie schlecht du in der Schule bist? Du hast uns eben ganz schön blamiert."

(Gisela Schütz: Kurze Geschichten zum Vorlesen und Nacherzählen, Bd. 2. Hg. v. Rolf Kreuzer/Richard Rogge, Kaufmann Lahr, Kösel, München 1981, S. 68) **Q**

A
- ▸ Woran liegt es, dass die „Vier" von Ulrike und ihrer Mutter mit unterschiedlichen Gefühlen bewertet wird?

Ü
- ▸ Spielt die kleine Geschichte einmal so, wie sie in der Erzählung vorgegeben ist. Danach spielt ihr sie noch ein zweites Mal, aber so, dass die Mutter offen ihre Freude über die „Vier" von Ulrike zeigt. Benötigte Rollen: Ulrike, die Mutter, eine Nachbarin.

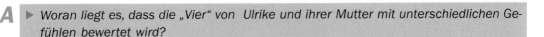

Geschichte meiner Erfolge

▶ Jeder möchte gern Erfolge erreichen. Für den einen geht es um Erfolg auf sportlichem Gebiet, für den anderen in der Schule. Für manche geht es um Erfolg im Bereich der Familie, der Freundschaft oder der Freizeit. Vielleicht gehören jene Gelegenheiten dazu, wo ihr etwas zum allerersten Mal getan habt oder wo ihr eine schwierige Situation zum ersten Mal allein gemeistert habt.

▶ Legt euch eine Zeitleiste an, in die ihr alle Erfolge der letzten drei Lebensjahre eintragt, an die ihr euch erinnern könnt. Wenn ihr wollt, könnt ihr auch kleine Bilder malen, mit denen ihr die Erfolgssituationen illustriert.

▶ Auswertung: Sind mir meine Erfolge leicht gefallen? Über welche Erfolge habe ich mich besonders gefreut? Auf welche zukünftigen Erfolge steuere ich zu? Welche meiner Stärken ist für meine Erfolge besonders wichtig?

Wege zum Erfolg
Zum Erfolg gibt es keinen Lift. Man muss die Treppe benutzen.

(Emil Oesch) **Q**

Ziel auswählen, das ich erreichen will.

Schritte bzw. Etappen zur Erreichung des Ziels festlegen.

Konzentration auf das Ziel durch Herstellung der inneren Bereitschaft.

Persönliche Stärken zur Zielerreichung bewusst einsetzen.

Beziehungen zu anderen bei der Zielrealisierung berücksichtigen.

A ▶ Wähle dir etwas aus, worin du in der nächsten Zeit erfolgreich sein möchtest. Bestimme nach den Vorgaben deine Vorgehensweise zur Erreichung des Erfolgs.

Umgang mit Misserfolg

Schüler einer 6. Klasse haben aufgeschrieben, wie sie auf Misserfolge reagieren.

Nochmals versuchen; Fehler entdecken; Mehr anstrengen; Nicht soviel vornehmen; Rat von anderen suchen; Fehler eingestehen; Andere verantwortlich machen; Selbstzweifel überwinden; Ziel überdenken; Üben, üben und nochmals üben; Kein Glück gehabt; Überheblichkeit überwinden; Hilfe annehmen; Anderes Ziel auswählen.

A
▶ *Ergänzt, wie ihr mit Misserfolgen umgeht.*
▶ *Diskutiert die Vorschläge des Umgangs mit Misserfolgen.*

Daniel Ganz, 12 Jahre: „Sie wollen immer das Beste"
Der Schulstress heutzutage wird immer heftiger! In den ersten Klassen wird man gut behandelt, die Eltern sind mit den Noten noch einverstanden. Am Anfang schreibt fast jeder noch Zweier oder eine Eins, aber in höheren Klassen findet man sich einfach nicht mehr zurecht. Man schreibt schlechtere Noten, wie zum Beispiel Sechser, Vierer und so weiter. Die Eltern schimpfen mit einem herum. Sie wollen immer das Beste für das Kind. Verteilen Hausarrest oder Fernsehverbot, wenn es mit einer schlechten Note nach Hause kommt. Das Kind kann dann nicht mehr richtig lernen, weil es sich eingeengt unter einem Zwang fühlt, es hat keine Abwechslung mehr und muss immer büffeln, bis ihm sozusagen der Kopf raucht. Die Eltern verlangen mehr, als das Kind bewältigen kann. Immer wollen sie, dass das Kind später einmal einen besseren Beruf zugeteilt bekommt als sie (die Eltern) selber einen haben. Aber meistens wird es nichts, weil das Kind zu sehr belastet ist oder wird.

(Wochenschau Nr. 6/1996, S, 250) **Q**

Warum Misserfolgserwartungen so schwer zu durchbrechen sind:

(nach: Britta Köhler, Elternratgeber – Hausaufgaben, Weinheim u. Basel 1998, S. 130

A
▶ *Überzeugt euch die Argumentation Daniels? Womit habt ihr Schwierigkeiten?*
▶ *Dieses Schema nennt man „Teufelskreis". Erklärt den Begriff. Überlegt, an welchem Punkt er eurer Meinung nach durchbrochen werden kann.*
▶ *Versucht die Ursachen für Misserfolge, so wie sie Daniel sieht, im Schema des „Teufelskreises" zu erfassen. Ihr könntet beispielsweise so beginnen: „Man schreibt schlechte Noten ..."*

Sitzen geblieben

Ich bin in der 6. Klasse sitzen geblieben. Irgendwie hatte ich keinen Bock mehr auf Schule. Den Unterricht habe ich ab und an geschwänzt und schlechte Leistungen gebracht. Ich fühlte mich als Versager auf der ganzen Linie. Viele Lehrer und die meisten Mitschüler haben mir zu verstehen gegeben, was sie von mir halten: gar nichts. Ich war total unsicher und versuchte, möglichst nicht aufzufallen. Im Gegensatz zu anderen Kindern und Mitschülern habe ich mich damals als weniger begabt, ja sogar dümmer gefühlt. Hinzu kam das ständige Herumnörgeln meines Stiefvaters. Es verging kein Tag, an dem er nicht seine Kinder hochlobte und mich als Versager hinstellte.

Nachdem ich sitzen geblieben war, sind wir im Sommer ungezogen. Das hing mit der Trennung meiner Mutter von meinem Stiefvater zusammen. Gott sei Dank! Ich kam in eine neue Schule und natürlich auch in eine andere Klasse. Ich wollte es allen zeigen, dass ich es schaffen kann. Ganz wichtig waren für mich neue Freundschaften in der Klasse, die mir Halt und Anerkennung gaben. Vor allem Roman hat mir bei den Hausaufgaben geholfen und mit mir zusammen gelernt. So konnte ich meine anfänglichen Unsicherheiten und Selbstzweifel überwinden. Auch dass sich Mutti wieder viel mehr für den Unterricht und alles drum herum interessierte, stachelte mich zusätzlich an. Sie geriet auch nicht gleich in Panik, als es mit den ersten Zensuren nicht so rosig aussah.

Gegenwärtig besuche ich die 10. Klasse. Ich gehöre zu den leistungsstärkeren Schülern meiner Klasse.

(Gespräch mit Marcus P., aufgeschrieben von H. E., Potsdam 2005) Q]

A ▶ Welche Gründe haben dazu geführt, dass Marcus P. sitzen geblieben ist? Unterscheidet die Gründe nach eigenen Fehlern und Ursachen, die nicht in seiner Person zu suchen sind.

▶ Wie ist Marcus P. mit diesem Misserfolg umgegangen? Lassen sich aus seinem Verhalten allgemeine Verhaltensregeln zum Umgang mit Misserfolg ableiten? Welche könnten das sein? Diskutiert darüber.

Wissen
um die eigene Person

3

3.1 Ich bin einmalig – andere auch

Dich selbst kennen zu lernen, deine Stärken und Schwächen zu erkennen, das alles fördert dein Selbstvertrauen und zeigt dir, wie einmalig und wertvoll du bist. Selbsterkenntnis macht jedoch nicht beim Ich halt. Spannend wird es, wenn du dich mit dem Bild auseinandersetzt, das andere von dir haben. Man nennt das Fremdbild.

Solche Selbst- und Fremdbilder sind aber immer nur Momentaufnahmen und nie endgültig, denn wir alle entwickeln uns ständig weiter. Und gerade das macht unser Leben so spannend und abwechslungsreich.

A ▸ *Male ein Bild, das Typisches von dir zum Ausdruck bringt.*

Wer bin ich?

Äußerliche Merkmale bestimmen nicht vorrangig die Einmaligkeit eines Menschen. Ausschlaggebend dafür, dass er nicht mit anderen verwechselt wird, sind seine Charaktereigenschaften und Gefühle, sein Wissen und Können und seine Verhaltensweisen. Konkrete Fragen sollen dir helfen, Seiten deiner Persönlichkeit zu entdecken, die dir vielleicht wenig bewusst sind.

Sofie Amundsen: Wer bist du?

Sofie warf die Schultasche in die Ecke und stellte Sherekan eine Schale mit Katzenfutter hin. Dann ließ sie sich mit dem geheimnisvollen Brief in der Hand auf einen Küchenhocker fallen.

Wer bist Du?

Wenn sie das wüsste! Sie war natürlich Sofie Amundsen, aber wer war das? Das hatte sie noch nicht richtig herausgefunden. Wenn sie nun anders hieße? Anne Knutsen zum Beispiel. Wäre sie dann auch eine andere?

Plötzlich fiel ihr ein, dass ihr Vater sie zuerst gern Synnove genannt hätte. Sofie versuchte sich auszumalen, wie es wäre, wenn sie die Hand ausstreckte und sich als Synnove Amundsen vorstellte – aber nein, das ging nicht. Dabei stellte sie sich die ganze Zeit eine andere vor.

Nun sprang sie vom Hocker und ging mit dem seltsamen Brief in der Hand ins Badezimmer. Sie stellte sich vor den Spiegel und starrte sich in die Augen.

„Ich bin Sofie Amundsen", sagte sie.

Das Mädchen im Spiegel schnitt als Antwort nicht einmal die kleinste Grimasse. Egal, was Sofie auch machte, sie machte genau dasselbe. Sofie versuchte, dem Spiegelbild mit einer blitzschnellen Bewegung zuvorzukommen, aber die andere war genauso schnell.

„Wer bist du?" fragte Sofie.

Auch jetzt bekam sie keine Antwort, aber für einen kurzen Moment wusste sie einfach nicht, ob sie oder ihr Spiegelbild diese Frage gestellt hatte.

Sofie drückte den Zeigefinger auf die Nase im Spiegel und sagte:

„Du bist ich."

Als sie keine Antwort bekam, stellte sie den Satz auf den Kopf und sagte:

„Ich bin du." […]

War es nicht ein bisschen komisch, dass sie nicht wusste, wer sie war? Und war es nicht auch eine Zumutung, dass sie nicht über ihr eigenes Aussehen bestimmen konnte? Das war ihr einfach in die Wiege gelegt worden. Ihre Freunde konnte sie vielleicht wählen, sich selber hatte sie aber nicht gewählt. Sie hatte sich nicht einmal dafür entschieden, ein Mensch zu sein.

Was war ein Mensch?

(Jostein Gardner: Sofies Welt, Carl Hanser Verlag, München/Wien 1993, S. 9 f.) Q

A ▸ *Lass dich durch Sofie Amundsen anregen, über folgende Fragen nachzudenken:*
▸ *Wärst du immer noch „Du selbst", wenn du einen anderen Namen oder ein anderes Gesicht hättest?*
▸ *Wärst du immer noch „Du selbst", wenn du einen anderen Körper oder ein anderes Gehirn hättest?*
▸ *Wärst du immer noch „Du selbst", wenn du andere Eltern hättest?*
▸ *Wärst du immer noch „Du selbst", wenn du in China geboren und aufgewachsen wärst?*
▸ *Wärst du immer noch „Du selbst", wenn die Polizei glauben würde, dass du jemand anderes bist?*

(Nach: Detlef Horster: Philosophieren mit Kindern, Leske + Budrich, Opladen 1992, S. 57 f.)

Mein Steckbrief

Wie siehst du aus (Größe, Haarfarbe, Körperform: dick, dünn, mollig, sportlich; Gesicht: Augen, Nase, Ohren)?

Gibt es Gewohnheiten (vergesse oft Hausaufgaben, trödle auf dem Weg nach Hause herum u. a.) bzw. Eigenarten (anderen gern helfen, schnell eingeschnappt sein u. a.), die für dich typisch sind?

Hast du ein Hobby bzw. eine Lieblingsbeschäftigung (Spiele mit dem Computer, Fußballfan, Klavierspielen u. a.)?

Was hast du besonders gern (z. B. Tiere, Autos) und was kannst du gar nicht leiden (Spinat, Unehrlichkeit u. a.)?

Was möchtest du jetzt erreichen (z. B. in Mathe verbessern, weniger Streit zu Hause)? Was später (einen Beruf mit Musik ausüben, eine große Familie haben) erreichen)?

Steckbrief

Größe: 158 cm   *Augenfarbe: grün*

Haarfarbe: schwarz   *Gewicht: 51 kg*

Tiere: Hund Alf   *Hobby: Reisen*

 ▶ *Beantworte die Fragen, sodass für dich ein „Steckbrief" entsteht. Die Steckbriefe werden eingesammelt und vorgelesen. Es wird geraten, um wen es sich jeweils handelt.*

Was ich alles bin: Rollen in meinem Leben

Man spricht von Rollen und Rollenerwartungen und meint damit bestimmte Vorstellungen vom richtigen Verhalten des einzelnen Menschen in unterschiedlichen Situationen. Jeder Mensch erlernt im Laufe seiner Entwicklung verschiedene Rollen. Wenn ein Rolleninhaber den Erwartungen nicht gerecht wird, also „aus der Rolle fällt", sind die Betroffenen verärgert, enttäuscht, verunsichert. Aus nicht erfüllten Rollenerwartungen können Konflikte mit anderen entstehen. Zum Beispiel treffen dem Schüler die Erwartungen seiner Eltern (sei fleißig, bringe gute Zensuren nach Hause), der Lehrer (widersprich nicht den Unterrichtenden, störe nicht den Unterricht) und die der anderen Mitschüler (sei kameradschaftlich und verschwiegen).

Rolle als Schwester/Bruder

Rolle als Tochter/Sohn

Rolle als Enkelin Enkel

Rolle als Schülerin/Schüler

Rolle Freund Freund

Rolle als Sportkameradin/Sportkamerad

ICH

▶ *Wie unterscheidet sich dein Verhalten in den einzelnen Rollen? Schreibe die typschen Verhaltensmerkmale der einzelnen Rollen auf.*

Rollen im Angebot

Sohn oder Tochter	Vereinsmitglied	Leseratte
Bruder oder Schwester	Mitglied einer Clique	Computerfreak
Enkel(in)	Kumpel	Geschichtenerzähler(in)
Stiefsohn oder -tochter	Freund(in)	Zauberer/Zauberin
Neffe oder Nichte	Klassenkamerad(in)	Gitarrenspieler(in)
Cousin oder Cousine	Schüler(in)	Fernsehsüchtige(r)
Halbbruder oder- schwester	Gangmitglied	Fußballspieler(in)
...	...	...

Fußgänger(in)	Ideengeber(in)
Skateboardfahrer(in)	Duckmäuser
Radfahrer(in)	Naschkatze/Naschkater
Straßenbahnfahrgast	Spielverderber(in)
Autoinsasse	Anführer(in)
Schiffspassagier	Muttersöhnchen
Skiläufer(in)	Außenseiter
...	...

A ▶ Welche Rollen treffen auf dich zu? Schreibe sie heraus. Du kannst noch Rollen hinzufügen, die für dich wichtig sind.
▶ Welche Rolle bereitet dir am meisten Vergnügen und welche Rolle bereitet dir Kopfzerbrechen? Markiere diese beiden Rollen mit unterschiedlichen Farben.
▶ Schreibe die Gründe auf, warum diese Rollen für dich angenehm bzw. schwierig sind. Entscheide dann selbst, was du von deinen Gedanken und Notizen der Klasse mitteilst.

A ▶ Auf den Zeichnungen seht ihr Herrn Kaiser, der von Beruf Lehrer ist, in verschiedenen Rollen. Beschreibt sie.
▶ Was wird von Herrn Kaiser in den verschiedenen Rollen erwartet?

Meine Stärken – meine Schwächen

Du kannst stolz sein auf deine Stärken. Doch auch deine Schwächen gehören zu dir. Schwächen offenbaren einerseits liebenswürdige Seiten eines Menschen, weisen aber andererseits nicht selten auf Eigenschaften und Verhaltensweisen hin, die zu Konflikten im Zusammenleben mit anderen führen können.

Meine Stärken – deine Stärken

A
▶ Lass dich durch die Fotos anregen, darüber nachzudenken, worin deine Stärken bestehen. Was gehört alles dazu, damit dich andere von deiner besten Seite kennen lernen? Schreibe 20 Stärken auf, durch die du dich auszeichnest..
▶ Schreibe von deinem Banknachbarn 10 Stärken auf, die du an ihm feststellst. Auch dein Banknachbar schreibt 10 Stärken auf, die er bei dir bemerkt hat. Vergleicht anschließend eure Ergebnisse. Was stellt ihr fest?

Bitterschokolade

In dem gleichnamigen Jugendbuch erzählt Mirjam Pressler die Geschichte von Eva und ihrer Leidenschaft für Schokolade.

Eva ging in ihr Zimmer. Sie legte eine Kassette von Leonhard Cohen ein und drehte den Lautsprecher auf volle Stärke. Das konnte sie nur machen, wenn ihre Mutter nicht da war. Sie legte sich auf ihr Bett. Die tiefe heisere Stimme erfüllte mit ihren trägen Liedern das Zimmer und vibrierte auf Evas Haut.

Sie öffnete die Nachttischschublade. Es stimmte, da war wirklich noch eine Tafel Schokolade. Sie ließ sich wieder auf das Bett fallen und wickelte mit behutsamen Bewegungen die Schokolade aus dem Silberpapier. Es war ein Glück, dass ihr Zimmer nach Osten lag. Die Schokolade war weich, aber nicht geschmolzen. Sie brach einen Riegel ab, teilte ihn noch einmal und schob sich die beiden Stückchen in den Mund. Zartbitter! Zart-zärtlich, bitter-bitterlich. Zärtlich streicheln, bitterlich weinen. Eva steckte schnell noch ein Stück in den Mund und streckte sich aus. Die Arme unter dem Nacken verschränkt, das rechte Knie angezogen und den linken Unterschenkel quer darüber gelegt, lag sie da und betrachtete ihren nackten Fuß. Wie zierlich er doch war zu ihren unförmigen Waden und Oberschenkeln …

„Du bist wirklich zu dick", hatte die Mutter neulich wieder gesagt. „Wenn du so weitermachst, passt du bald nicht mehr in normale Größen."

(Mirjam Presser: Bitterschokolade, Beltz & Gelberg, Weinheim/Basel 2000, S. 18 f.) Q1

A ▶ *Versuche dich in die Gedanken und Empfindungen Evas hineinzuversetzen. Was geht ihr vermutlich durch den Kopf, als sie die Schokolade isst? Was könnte gemeint sein mit dem Ausspruch „Zärtlich streicheln, bitterlich weinen"?*
▶ *Kennst du Situationen, in denen es dir ähnlich wie Eva ergangen ist? Wie gehst du damit um?*

Ich find dich gut

Ihr sollt gegenseitig gute Eigenschaften an euch feststellen. Jeder ist einmal dran, nur Positives über sich zu erfahren. Vielleicht entdeckt er dann gute Eigenschaften an sich, die er bisher noch nicht kannte.

Und so wird es gemacht: Wöchentlich wird durch Los ein Name bestimmt. Jeder Schüler hat Zeit, sich eine Woche lang eine positive Bemerkung zu diesem Schüler einfallen zu lassen. Am Stichtag bringen alle einen Zettel mit, auf dem das Positive aufgeschrieben ist. Die Zettel werden an einer Pinnwand oder einer Leine befestigt und bleiben eine Woche ausgehängt.

Wie Schwächen zu Stärken werden

A ▶ *Ergänze die Übersicht um Schwächen, die du bei dir festgestellt hast.*
▶ *Wähle dir aus deinen Schwächen bzw. denen in der Übersicht drei aus, die du in Stärken umwandeln möchtest. Beispiel: Statt als überheblich zu gelten, möchtest du anerkannt sein. Damit könnten folgende Anforderungen verbunden sein: Anderen helfen, ohne dazu aufgefordert zu werden – Sich über den Erfolg von Mitschülern freuen, ohne missgünstig zu sein – Fehler nicht abstreiten, sondern von allein eingestehen.*
▶ *Vergleicht, welche Vorschläge zur Überwindung der einzelnen Schwächen gemacht worden sind. Diskutiert über diese Vorschläge.*

Andere über mich

Du hast bisher einiges über dich erfahren. Nicht immer stimmt es aber mit dem überein, wie andere dich sehen. Deshalb ist es wichtig, um sich selbst noch besser kennen zu lernen, die Meinung anderer über die eigene Person zu kennen.

Vor dem Spiegel

Ich bin ich. Klar. Manchmal sehen mich die anderen aber anders, als ich mich sehe. Davon bleibe ich nicht unberührt. Mit der Zeit werde ich ein bisschen so, wie mich die anderen sehen. Ich verändere mich.

▶ Alle erhalten durch ein Los einen Zettel mit dem Namen eines Mitschülers. Ein Schüler A versetzt sich in die Lage der Schülerin B und beginnt mit dem Text: „Ich heiße … „ (er schreibt den Namen der Schülerin, in die er sich hineinversetzt). Dann schreibt er im Namen dieser Person weiter, z. B. so: „Heute war ein richtig blöder Tag. Zuerst macht mich dieser Nico an, den ich überhaupt nicht ausstehen kann. Als sich dann noch Sven einmischte, war meine Geduld zu Ende.

▶ Anschließend erhält B den Text und beurteilt, ob sich A richtig eingefühlt hat, und teilt seinen Kommentar mit.

Die Geschichte vom grünen Fahrrad

Einmal wollte ein Mädchen sein Fahrrad anstreichen. Es hatte grüne Farbe dazu genommen. Grün hat dem Mädchen gut gefallen. Aber der große Bruder hat gesagt: „So ein grasgrünes Fahrrad habe ich noch nie gesehen. Du musst es rot anstreichen, dann wird es schön." Rot hat dem Mädchen auch gut gefallen. Also hat es rote Farbe geholt und das Fahrrad rot angestrichen. Aber ein anderes Mädchen hat gesagt: „Rote Fahrräder haben doch alle! Warum streichst du es nicht blau an?" Das Mädchen hat sich das überlegt, und dann hat es sein Fahrrad blau gestrichen. Aber der Nachbarsjunge hat gesagt: „Blau? Das ist doch so dunkel. Gelb ist viel lustiger!" Und das Mädchen hat auch gleich gelb viel lustiger gefunden und gelbe Farbe geholt. Aber eine Frau aus dem Haus hat gesagt: „Das ist ein scheußliches gelb! Nimm himmelblaue Farbe, das finde ich schön." Und das Mädchen hat sein Fahrrad himmelblau gestrichen. Aber da ist der große Bruder wieder gekommen. Er hat

gerufen: „Du wolltest es doch rot anstreichen! Himmelblau, das ist eine blöde Farbe. Rot musst du nehmen, Rot!" Da hat das Mädchen gelacht und wieder den grünen Farbtopf geholt und das Fahrrad grün angestrichen, grasgrün. Und es war ihm ganz egal, was die anderen gesagt haben.

(In: Ursula Wölfel: 28 Lachgeschichten, Hoch Verlag, Düsseldorf) Q]

A ▶ Schreibe eine kleine Geschichte, zeichne ein Bild oder erstelle eine Collage, mit der du den Sinn der Aussage aus der „Geschichte vom grünen Fahrrad" wiedergibst und zu dir in Beziehung setzt.

Ü

Steckbriefe

▶ Verfasse einen Steckbrief über einen Mitschüler. Der erste Schüler im Alphabet schreibt einen Steckbrief über den letzten Schüler und umgekehrt. Der zweite Schüler im Alphabet über den vorletzten usw. Interviewt euch zu diesem Zwecke gegenseitig. Der Steckbrief sollte Auskunft geben über Verhaltensweisen und Eigenarten des betreffenden Schülers. Namen und Äußerlichkeiten dürfen darin aber nicht vorkommen. Es darf in diesem Steckbrief auch höchstens eine negative Bewertung enthalten sein. Der Interviewpartner muss damit einverstanden sein. Anschließend werden die Steckbriefe vom Lehrer vorgelesen und es wird herauszufinden versucht, wer gemeint ist.

3.2 Mädchen sind anders – Jungen auch

Die Geschlechterrollen werden nur zum Teil durch die Erbanlagen festgelegt. Starken Einfluss auf ihre Ausprägung nehmen die Eltern und Erwachsenen sowie die Medien. Bereits im Alter von fünf Jahren hat ein Kind viele fest geprägte Vorstellungen, was zu einem Mädchen oder Jungen gehört. Die entscheidende Frage ist: Welche männlichen und weiblichen Verhaltensweisen müssen Jungen und Mädchen annehmen, um ein gutes und zufriedenes Leben zu führen? Es ist deshalb wichtig für dich, eigene Vorstellungen zu entwickeln, wie du als Mädchen oder Junge leben möchtest.

Klischees über Jungen und Mädchen

Oft werden Mädchen und Jungen in sehr enge Vorstellungen gepresst, wie sie sich in ihrer Geschlechterrolle zu verhalten haben. Eine solche Festlegung auf genau vorgegebene Rollenklischees kann für die Bewältigung des weiteren Lebensweges hemmend sein.

Der 3. Versuch hat geklappt – endlich ein Stammhalter!

Nicolai

*22.8.1999 · 11.27 Uhr
3010 g · 53 cm

Lisa und Marleen
haben ein Brüderchen bekommen,
mit Ihnen freuen sich die glücklichen Eltern
Nicole und Nicolai Buchsbaum junior

A ▶ *Ersetzt den Namen des Jungen durch einen weiblichen. Was fällt euch auf?*

[*Unvollständige Sätze: Geschlechterrollen*
a) Mädchen werden früh aufgefordert (…) | b) Wenn ein kleiner Junge geboren wird (…) | c) Die Eltern wollen, dass ein Junge (nicht) (…) | d) Die Eltern wollen, dass ein Mädchen (nicht) (…) | e) Jungen interessieren sich vor allem für (…) | f) Mädchen fühlen sich unwohl, wenn (…) | g) Wenn ein Mädchen anerkannt werden möchte, muss es (…) | h) Ein Junge findet am meisten Anerkennung, wenn er (…) | i) Mädchen fürchten am meisten (…) | j) Für einen Jungen ist es am unangenehmsten (…) | k) Mädchen möchten von Jungen (…) | l) Jungen erhoffen von Mädchen (…)
(Klaus W. Vopel: Nicht vom Brot allein. Verlag Iskopress, Salzhausen 1994, S. 25 ff. – gekürzt) Q]

A ▶ *Vollendet die unvollständigen Sätze. Geht wie folgt vor: Das erste Mal wählt der Lehrer einen Schüler aus. Dieser Schüler bringt dann den Satz zu Ende. Der Schüler nennt dann jemand anderen, der ebenfalls den Satzanfang ergänzt, und wählt danach wiederum jemanden aus, der etwas anfügen soll. Das heißt: Jeden unvollständigen Satz sollen immer drei Schüler zu Ende führen.*

Jungen mögen Blau,
Mädchen mögen Rosa.
Mädchen spielen mit
Puppen, Jungen spielen
Fußball.
Mädchen sind nett, Jungen
haben nur Unfug im Sinn.
Lange Haare, kurzer Sinn
(Verstand).

Wir & Die

Jungs sind hart, stark
und nicht bang,
Mädchen sind schlaff ihr
ganzes Leben lang!
Jungs mögen
Hamburger, Chips
Und hohe Bäume,
Mädchen flüchten in
romantische Träume.
Jungs kämpfen viel,
auch Dreck schreckt
sie nicht,
Mädchen spielen mit
Puppen – was anderes
könn' sie nicht.

Michael (11 Jahre)

Jungen & Mädchen

Wir sind Mädchen,
haben Power,
sie sind Jungs,
kein bisschen schlauer.
Mädchen erzählen sich
ständig was Neues,
sie mögen Musik von den
Backstreet Boys.
Jungs sind laut und gemein
und sie hetzen,
machen nur Ärger, haben
Stress mit Gesetzen,
Aber trotzdem:
Letztenends'
Folgen wir denselben Trends!

Lisa (11 Jahre)

*(nach Christine Moorcroft/Chris Roberts: Ich ... werde erwachsen. Verlag an der Ruhr,
Mülheim an der Ruhr 1998, S. 7)*

▸ Tragt zusammen, welche Klischees über Jungen und Mädchen bestehen. Befragt eure
Eltern und Großeltern sowie andere Erwachsene, welche Klischees ihnen dazu
bekannt sind.

▸ Welche Gedanken kommen euch zu den beiden Gedichten?

▸ Schreibt selbst ein Gedicht über euer eigenes Geschlecht. Ihr könnt das Gedicht auch
nach euren Vorstellungen mit kleinen Zeichnungen versehen.

Typisch weiblich – typisch männlich?

Wissenschaftler (…) haben diese Frage genau geprüft: Sind die Eigenschaften, die man für „typisch männlich" oder für „typisch weiblich" hält, angeboren oder anerzogen? Sie haben dazu Kinder von ihrer Geburt an beobachtet, um zu sehen, wann eigentlich welche Unterschiede zwischen Jungen und Mädchen auftreten und warum: Bei Neugeborenen haben sie nur feststellen können, dass z. B. Jungen im Durchschnitt mehr schreien, sich mehr bewegen und weniger schlafen als Mädchen. Und bei älteren Kindern fanden sie überhaupt keine geschlechtstypischen Verhaltensweisen, die eindeutig durch Anlagen bestimmt waren. Typisches Rollenverhalten wird also durch Erziehung vermittelt. Die Erziehung zum Jungen oder Mädchen beginnt gleich nach der Geburt.

(Ronald Lippitt u.a., Detto und andere, Stuttgart 1977, S. 25) Q

▸ Sprecht darüber, wie sich Jungen und Mädchen unterscheiden und was an beiden gleich sein kann.

Vorteile und Nachteile von Mädchen und Jungen
▸ *Mädchen und Jungen arbeiten in getrennten Gruppen. Die Mädchen beschäftigen sich damit, was es bedeutet ein Junge zu sein, und die Jungen fragen sich, was es bedeutet, ein Mädchen zu sein.*

Jungengruppe
Vorteile, ein Mädchen zu sein.   Nachteile, ein Mädchen zu sein.

Mädchengruppe
Vorteile, ein Junge zu sein.   Nachteile, ein Junge zu sein.

▸ Setzt euch in getrennten Mädchen- und Jungengruppen zusammen, und notiert so viele Vor- und Nachteile, wie euch einfallen.
▸ Diskutiert gemeinsam in der Klasse, welche Aussagen ihr für zutreffend haltet und welche nicht.

Freizeitbeschäftigungen von Mädchen und Jungen
Bauklötze, Eisenbahn, Puppen, Kaufladen, Puppenstube, Barbie-Puppe, Spielzeugpistole, Computerspiele, Klavier spielen, Flöte spielen, Modellbaukasten, Fahrrad, Inline-Skater, Fußball, Mensch-ärgere-dich-nicht-Spiel, Lego, Playmobil, Star-Wars-Figuren, Furby, Spielzeugautos, Drachen, Poesiealbum.

▸ Ordnet die Spielsachen den Jungen bzw. Mädchen zu, etwa so:
Eher etwas für Mädchen …
Eher etwas für Jungen …
▸ Diskutiert und begründet jeweils eure Entscheidung.
▸ Nennt die wesentlichen Unterschiede zwischen den „weiblichen" und „männlichen" Freizeitbeschäftigungen.

Rollenspiel

Leonie, 15, schaut mir beim Bügeln zu. „Das würde ich meinem Mann nicht erlauben!", sagt sie.

„Was denn?", will ich wissen.

„Dass er vor der Glotze sitzt, während ich bügele."

Sie spricht natürlich nicht von ihrem Zukünftigen, sondern von ihrem Vater. Gerald verfolgt gerade in geheiligter Männerrunde die Champions League, während ich bügele. Ich habe damit kein Problem, aber genau das ist mein Problem, meint Leonie.

„So wird das nie. Ruben kriegt doch einen völlig falschen Eindruck, wie das ablaufen sollte zwischen Männern und Frauen."

Damit ist sie bei ihrem Lieblingsthema. Bei ihrem zehnjährigen Bruder. Mit Argusaugen überwacht sie seine Erziehung. Das hat sie von ihren großen Schwestern Maximiliane und Paulina übernommen. Kaum konnte Rubin laufen, drückten sie ihm einen Putzeimer in die Hand. Ich fand ihn ja noch etwas zu klein, um das Klo zu putzen, aber ich wurde energisch zurechtgewiesen: „Willst du aus ihm etwa einen Macho machen?"

Natürlich nicht. Das stand auch erst mal gar nicht an. Noch schrubbte Ruben begeistert den Küchenboden, versuchte Kuchen zu backen und ließ sich widerstandslos von seinen Schwestern mit Ballett-Tutu und Faschingsperücke in ein kleines Mädchen namens „Rubina" verwandeln.

Alle amüsierten sich ganz prächtig. Nur sein Vater nicht. „Ich weiß nicht, ob das richtig ist. Er ist doch ein Junge, oder?"

(Xenia Frenkel: Jungen sind anders, Mädchen auch; in: Eltern for famaly Nr. 8/1999, S. 77) Q

A ▸ *Führt ein Gespräch mit verteilten Rollen zwischen Leonie, ihren Schwestern Maximiliane und Paulina sowie Vater und Mutter. Beginnt das Gespräch mit der abschließenden Frage des Vaters.*

Ü ▸ *Auf einem gesonderten Blatt sollt ihr euch zu den besonderen Fähigkeiten von Mädchen und Jungen äußern. Und so geht ihr vor:*
Welche besonderen Fähigkeiten haben Mädchen?
Mädchen meinen, dass Mädchen gut … | Jungen meinen, dass Mädchen gut …
Welche besonderen Fähigkeiten haben Jungen?
Jungen meinen, dass Jungen gut … | Mädchen meinen, dass Jungen gut …

Starke Kinder

Starke Mädchen haben nicht nur schöne Augen.
Starke Mädchen haben Fantasie und Mut.
Starke Mädchen wissen selbst, wozu sie taugen.
Starke Mädchen kennen ihre Chancen gut.

Starke Jungs, die können nicht nur Muskeln zeigen.
Starke Jungs, die zeigen Köpfchen und Gefühl.
Starke Jungs, woll'n ihre Meinung nicht verschweigen.
Starke Jungs, die kommen lächelnd an ihr Ziel.

Starke Kinder halten felsenfest zusammen,
Pech und Schwefel, die sind gar nichts gegen sie,
ihren Rücken lassen sie sich nicht verbiegen,
starke Kinder, die zwingt keiner in die Knie.

Starke Kinder haben Kraft, um sich zu wehren,
und sie sehn dir frei und ehrlich ins Gesicht.
Starke Kinder wollen nur die Wahrheit hören,
und so leicht betrügt man starke Kinder nicht.

Starke Mädchen stehen fest auf ihren Beinen.
Starke Mädchen wollen alles ausprobier'n.
Starke Mädchen sagen ehrlich, was sie meinen.
Starke Mädchen können siegen und verlier'n.

Starke Jungs, die wollen alles selbst erleben.
Starke Jungs, die können auch mal Zweiter sein.
Starke Jungs, sind stark genug, um nachzugeben.
Starke Jungs, die fall'n auf Sprüche nicht herein.

(Rolf Zukowski, OHG, Hamburg)

A ▶ Setzt euch in Mädchen- und Jungengruppen zusammen, und schreibt eine Fortsetzung für das Lied von Rolf Zukowski jeweils für das andere Geschlecht. Die Mädchen schreiben: Starke Jungen … und die Jungen: Starke Mädchen …

Ü ▶ Stell dir vor, du wachst am Morgen mit einer großen Überraschung auf. Du stellst fest, dass du dich verändert hast. Als Junge bzw. Mädchen bist du eingeschlafen und als Mädchen bzw. Junge aufgewacht. Über Nacht hast du das Geschlecht gewechselt.
▶ Schreibe den Traum weiter. Was würde das für dich bedeuten? Was würdest du denken? Was würdest du tun? Wie würden die Menschen in deiner Umgebung reagieren? Welche neuen Möglichkeiten hast du? Was kannst du nicht mehr? Wie würde das Leben für dich aussehen?

(Nach: Sabine Alex und Klaus W. Vopel: Lehre mich nicht, lass mich lernen. Interaktionsspiele für Kinder und Jugendliche, Teil 2, Verlag Iskopress, Salzhausen 1995, s. 112 ff.)

Mädchen- und Jungesein in anderen Kulturen

Verschiedene Kulturen und Religionen haben unterschiedliche Vorstellungen von der Rolle und der Stellung von Mann und Frau in der Gesellschaft. Mädchen müssen oft Benachteiligungen hinnehmen – nur weil sie Mädchen sind. In vielen Ländern werden Jungen bevorzugt, Mädchen sind unerwünscht. In Indien wird manchen Mädchen diese Missachtung als Name mit auf den Weg gegeben: „Nakosi" – das heißt: unerwünscht. Nur langsam lässt sich ein Umdenken hinsichtlich der Gleichheit beider Geschlechter feststellen.

„Ich stelle bedauernd fest, dass ich ein Mädchen bin"

„Ein dummer Mann ist besser als eine kluge Frau", sagt ein altes eritreisches Sprichwort. Es spiegelt die althergebrachte Rolle wider, die den Mädchen und Frauen in diesem ostafrikanischen Land jahrhundertelang zugewiesen wurde. Diese Erfahrungen haben tiefe Narben hinterlassen: Gefühle der Unsicherheit und Minderwertigkeit. Schon in jungen Jahren, eigentlich bereits bei der Geburt, bekommt ein Mädchen zu spüren, dass es „nur" ein Mädchen ist. Früh wird es auf seine zukünftige Rolle als Dienerin seines zukünftigen Mannes vorbereitet.

Von einer Frau wird erwartet, dass sie Söhne gebiert. Wenn sie entgegen solchen Erwartungen aber ein Mädchen zur Welt bringt, zeigt der Vater deutlich sein Missfallen.

Wenn das Mädchen heranwächst, wird es von der Mutter bereits in ihre zukünftige Rolle als Frau eingewiesen. Die Mutter hält ihre Tochter an, nur leise und in Gegenwart eines Mannes überhaupt nicht zu sprechen. Stets soll sie den Kopf leicht gebeugt und mit einem Tuch bedeckt halten. Niemals darf sie außerhalb des Hauses essen.

„Ich stelle bedauernd fest, dass ich ein Mädchen bin." So lautet eines der überlieferten Mädchenlieder.

Heute werden sie von selbstbewussten Versen verdrängt: „Reich mir Papier und Bleistift. Dank meiner Organisation kann ich lesen und schreiben."

(Hans-Martin Große-Oetringhaus: „Ich stelle bedauernd fest, dass ich ein Mädchen bin. In: Hans-Martin Große-Oetringhaus: Kinder haben Rechte – überall, ELEFANTEN PRESS Verlag, Berlin 1993, S. 31)

Erstellt eine Wandzeitung zum Thema „Mädchen und Jungen in anderen Kulturen". Sammelt aus Zeitungen und Zeitschriften Material über das Leben von Mädchen und Jungen in anderen Kulturen. Mögliche Schwerpunkte: Welche Benachteiligungen sind festzustellen? Welche Vorteile werden dem einen zuungunsten des anderen Geschlechts eingeräumt? Haben beide Geschlechter verschiedene Tagesabläufe? Wie verändern sich althergebrachte Rollenzuweisungen der Geschlechter? usw.

Die Fahrradtour

Erst vorgestern hatten Moritz, Katja, Murad, Aishe, Bernhard und Latife besprochen, einen Ausflug mit den Fahrrädern zu machen. Und dann das: Latife und Aishe kommen nicht. Krank waren sie nicht, denn Katja hatte beide noch in der Schule gesehen. Auch Murad wusste nichts. – Mit jeder Minute wuchs die Enttäuschung. Und dann machte sich der Ärger breit. Moritz sprach ihn als erster aus: „Da sieht man mal wieder, auf Türken ist kein Verlass." Murad protestierte: „Aber ich war doch pünktlich, und bisher sind die beiden noch nie zu spät gekommen. Du bist ungerecht!"

Für den Ausflug war es ohnehin zu spät, und so beschlossen sie, Aishe und Latife zu Hause zu besuchen. Bei Latife öffnete die Mutter. Frau Küsmüs begrüßte die Kinder und noch bevor eines der Kinder nach Latife fragen konnte, kam diese selbst ins Zimmer. „Ihr seid sicherlich böse auf mich, weil ich nicht gekommen bin." Latife blickte ihre Mutter hilfesuchend an: „Erkläre du es ihnen, ich kann es nicht …" Und damit rannte sie – mit Tränen in den Augen – aus dem Zimmer.

Frau Küsmüs wendet sich an die Kinder: „Je älter ein Mädchen wird, desto stärker wird sie auf Kontakte innerhalb der Familie beschränkt. Eigene Aktivitäten außerhalb der Familie (z. B. Sportvereinen, Schulfahrten) und freundschaftliche Beziehungen zu gleichaltrigen Jungen werden deshalb vermieden. Für muslimische Mädchen besteht die Männerwelt aus Brüdern, Vätern, Verlobten und Ehemännern. Einen „Freund" zu haben, wäre eine Verletzung der Ehre des Mädchens und ihrer Familie. Aktivitäten mit gleichaltrigen Jugendlichen des anderen Geschlechts kommen für Latife und Aishe und die anderen muslimischen Mädchen deshalb nicht mehr in Frage."

(Nach: Peter Musall: Miteinander im Glauben, Burckhardthaus-Laetare Verlag, Offenbach/M. 1994, S. 56 ff.) Q]

A ▸ Stellt euch vor, es würde ein „Kindertausch" vorgenommen werden: Aishe und Latife gehen für einige Tage in Katjas Familie, und Katja lebt zur gleichen Zeit bei Familie Küsmüs. Beschreibt, wie sich die Kinder in dieser Situation vermutlich fühlen.

▸ Sprecht darüber, wie sich die religiösen Grundregeln des Islam mit dem Gemeinschaftsbedürfnis der Kinder vereinbaren lassen. Was schlagt ihr vor?

3.3 Über Bedürfnisse und Wünsche

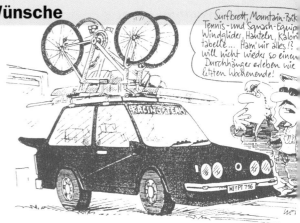

Jeder Mensch braucht bestimmte „Dinge" oder Zustände, um sich wohl zu fühlen. Solche Sätze wie „Ich habe Hunger", „Ich fühle mich einsam", „Ich bin unzufrieden mit mir" verraten das Gefühl eines Mangels, also ein Bedürfnis, und den Wunsch, diesen Mangel abzustellen. Dann wäre man zufrieden, vielleicht sogar glücklich.

A ▶ *Welchen Bezug hat die Karikatur zum Thema „Bedürfnisse und Wünsche". Sprich über deine Gedanken.*

Rangordnung der Bedürfnisse

Bedürfnispyramide nach Abraham Maslow
Der Begriff „Bedürfnispyramide" stammt von dem US-amerikanischen Psychologen Abraham Harold Maslow (1908–1970), der eine Rangfolge menschlicher Bedürfnisse aufstellte und sie in Form einer Pyramide anordnete. Auf der untersten Stufe befinden sich die Grundbedürfnisse, an der Spitze das Bedürfnis nach Selbstverwirklichung.

Selbstverwirklichungsbedürfnisse:
Verlangen nach Unabhängigkeit und Entfaltung der individuellen Fähigkeiten: Erfolg durch Übernahme von Verantwortung usw.

Kulturbedürfnisse:
Aneignung von Wissen und Wahrnehmung am Leben der Gesellschaft: Streben nach Wissen und Kunst, Bedürfnis nach Gütern für ein besseres Leben usw.

Gemeinschaftsbedürfnisse:
Zugehörigkeit und Kontakt zu anderen Menschen: Familie, Freunde, Schule, Arbeit; Gespräche, Zärtlichkeit usw.

Grundbedürfnisse:
Sicherung der Existenz- und Überlebensbedürfnisse: Essen, Kleidung, Wohnung, Lebensunterhalt; Schutz im Alter, bei Krankheit und bei Arbeitslosigkeit usw.

Bedürfnisse ins Bild gesetzt

A
▶ Ordnet die Fotos den einzelnen Stufen der Bedürfnispyramide nach Abraham Maslow
zu. Begründet eure Zuordnungen.
▶ Warum wird in der Grafik unten die Reihenfolge der Bedürfnisse von unten nach oben
ansteigend dargestellt? Warum nicht nebeneinander?
▶ Stellt aus Zeitungen und Zeitschriften Fotos zusammen, mit denen ihr eure eigene
Bedürfnispyramide ins Bild rückt. Die Fotos können auch in der Form einer Collage
die Bedürfnispyramide zum Ausdruck bringen.

Ü
▶ Hier seht ihr eine Liste, in der verschiedene Bedürfnisse zusammengestellt wurden,
und daneben Möglichkeiten, diese Bedürfnisse zu befriedigen.

Bedürfnisse	*Möglichkeiten der Bedürfnisbefriedigung*
Wissensdurst · Freundschaft · Sicherheit · Anerkennung · Kulturaneignung · Verantwortungsübernahme · Liebe · Lebensunterhalt	Sprecher im Schülerrat · Abschluss einer Versicherung · Anerkennung in der Clique · Beherrschung eines Musikinstruments · Fürsorge von Eltern · Freude beim Lernen · Unterkunft und Schlaf · Kauf von Gütern · Entfaltung der Talente · Umgang mit Freunden · Erhalt des Arbeitsplatzes · Herausfordernde Tätigkeit

▶ Ordnet einander zu, was eurer Meinung nach zusammengehört. Und so geht ihr vor:
Jeweils zwei Begriffe der linken Spalte gehören zusammen. Schreibt die Begriffspaa-
re heraus.
▶ Ordnet den Bedürfnis-Begriffspaaren die entsprechenden Möglichkeiten der Bedürf-
nisbefriedigung zu. Es gehören jeweils drei Möglichkeiten zu einem Begriffspaar.

Was man braucht und was man haben möchte

Zwischen Bedürfnissen und Wünschen besteht ein enger Zusammenhang. Wer z. B. das Bedürfnis nach Gemeinschaft verspürt, wird sich Freunde wünschen, mit denen er gerne zusammen ist. Wünscht sich jemand ein Auto, dann können unterschiedliche Bedürfnisse eine Rolle spielen: Er kann das Auto nutzen, um seine Existenz sicherzustellen oder es dient ihm dazu, mit seiner Familie Gemeinschaftserlebnisse zu realisieren. Wird dagegen das Auto angeschafft, um damit anzugeben und den Neid anderer hervorzurufen, dann zielt die Realisierung dieses Wunsches nicht auf die Befriedigung von Bedürfnissen, sondern ist eher ein Zeichen einer gestörten Persönlichkeit.

Der Fischer und seine Frau

Es waren einmal ein Fischer und seine Frau, die lebten in einer alten Hütte dicht am Meer. Jeden Tag ging der Fischer hinaus und angelte, aber er fing nur wenig. Eines Tages aber fing er einen großen Fisch, der sprach zu ihm: „Fischer lass mich leben. Ich bin gar kein richtiger Fisch, sondern ein verzauberter Prinz." „Na", sagte der Fischer, „wenn er reden kann, dann ist er wohl kein richtiger Fisch", und ließ ihn frei. Als der Alte seiner Frau von dem seltsamen Fang erzählte, war sie böse und sagte: „Warum hast du dir nichts dafür gewünscht, dass du ihn freigelassen hast? Geh zurück und wünsch dir eine neue Hütte von ihm." Was sollte der Alte tun? Er ging zurück ans Meer, rief den Fisch und wünschte sich die neue Hütte. Und als er nach Hause kam, stand sie schon da, und seine Frau war glücklich. Aber am nächsten Morgen schimpfte sie schon

wieder: „Die Hütte ist so eng. Geh zum Fisch und wünsch dir einen Palast für uns!" Und der Fischer musste wieder zum Meer gehen und den Fisch bitten. Der erfüllte auch diesen Wunsch. Die Frau freute sich, aber am nächsten Morgen war sie wieder unzufrieden. Jetzt wollte sie König werden. Und als sie das war, wollte sie Kaiser und dann sogar Papst werden. Und immer war sie noch nicht zufrieden. Nun wollte sie sogar wie der liebe Gott werden. Sie ließ dem Alten keine Ruhe, und er musste wieder zum Fisch gehen. Jetzt stürmte, donnerte und blitzte es. Der Himmel war ganz schwarz und das Meer tobte. Aber der Alte musste wieder den Fisch rufen und ihm den Wunsch seiner Frau sagen. Doch der Fisch sagte diesmal: „Gehe nur heim, sie sitzt schon wieder in der alten Hütte."

Und da sitzen die beiden bis auf den heutigen Tag.

(Nach den Gebrüdern Grimm. Aus: Dieter Birnbacher: Glück –
Arbeitstexte f. d. Unterricht, Reclam Verlag, Stuttgart 1993,
S. 63 ff.)

A ▶ *Lass dich durch „Der Fischer und seine Frau" anregen, ein modernes Märchen zu schreiben, das in der heutigen Zeit spielt. Du kannst dein Märchen beliebig ausgestalten. Wichtig ist nur, dass du mit deinem Märchen die Idee der Gebrüder Grimm zum Ausdruck bringst.*

Ü
▸ *Meine Wünsche: Es gibt Wünsche unterschiedlicher Art. Versuche zu jedem Wunsch ein Beispiel zu finden, das deinen Wunsch zum Ausdruck bringt.*
▸ *Wünsche, die Geld kosten – Wünsche, die kein Geld kosten – Wünsche an eine andere Person – Wünsche an die Klasse bzw. Gruppe – Wünsche an mich selbst – große Wünsche – bescheidene Wünsche – erfüllbare Wünsche – nicht erfüllbare Wünsche – Wünsche an die Welt.*

Ü
▸ *Konsequenzen eines Wunsches: Beschreibe irgendeinen wichtigen Wunsch, den ein Schüler deines Alters haben könnte. Schreibe noch kurz dazu, wer diesen Wusch haben soll (z. B.: Junge, 12 Jahre, ältestes Kind, zwei Schwestern, Eltern geschieden, Mutter ist zu Hause usw.)*
▸ *Gib das Blatt mit diesem Wunsch irgendeinem anderen Schüler in deiner Klasse. Dieser Schüler zählt alle möglichen Konsequenzen auf, die ihm einfallen. Welche Auswirkungen könnte dieser Wunsch auf den Schüler selbst haben, auf seine Familie, seine Freunde, seine Stellung in der Klasse, seine Freizeit usw.*

„Für die Erfüllung seiner Wünsche kann man etwas tun"

Ich habe auf dem Marienplatz Leute gefragt, was sie sich am meisten wünschen. Fast immer hatte es etwas mit Geld zu tun. Sie wollten ein Auto, ein tolles Haus oder eine Reise in die Südsee. Ganz selten äußerte jemand einen Wunsch wie zum Beispiel Glück oder Gesundheit.

Viele Erwachsene wundern sich, dass Kindern Geld schon genauso wichtig ist wie ihnen. Mich wundert das nicht. Aber es stört mich sehr. Besonders bei meinen Freunden. In der Grundschule war ich in einer Klasse, da warst du nichts ohne Geld und tolle Kleider. Du hast nicht mal einen Freund bekommen. Damals habe ich mir auch manchmal vorgenommen, reich zu sein.

Das ist jetzt anders. Mein größter Wunsch ist Gesundheit. Ich habe eine schwere Herzkrankheit bei meiner Mutter miterlebt und auch bei meinem Opa. Ich hoffe sehr, dass ich nie krank werde und leiden muss.

Mein zweitgrößter Traum ist Selbstvertrauen. Dann wünsche ich mir noch gute Freunde und für später einen Beruf, der mir Spaß macht. Am liebsten würde ich Werbetexter werden. Natürlich wünsche ich mir auch eine Welt ohne Kriege.

Für viele Leute sind Wünsche etwas, was eh nicht in Erfüllung geht oder nur durch Zufall so kommt. Ich glaube, dass man sich alle Wünsche erfüllen kann. Da bin ich hundertprozentig sicher. Man muss nur fest daran glauben und etwas dafür tun. (…)

(Maximilian, „Für die Erfüllung seiner Wünsche kann man etwas tun". In: Eltern for family 5/1998, S. 48) Q

A
▸ *Beurteilt die Wünsche Maximilians anhand der Bedürfnispyramide von Maslow. Was stellt ihr fest?*
▸ *Wie ist Maximilians Auffassung zu verstehen, dass man sich alle Wünsche unter der Voraussetzung erfüllen kann, etwas dafür zu tun?*

Ü

> ▸ Stelle eine Liste mit deinen zehn wichtigsten Wünschen zusammen. Lege eine Rang-
> folge deiner Wünsche fest. Platz 1: Wunsch mit der größten Bedeutung für dich; Platz
> 10: Wunsch mit der geringsten Bedeutung für dich.
> ▸ Schreibe in Stichworten zu jedem Wunsch auf, was du zur Erfüllung tun willst.

Ratschläge gefragt

Geld spielt in unserer Klasse eine ganz große Rolle. Bei uns werden die am meisten anerkannt, die über ausreichendes Taschengeld verfügen. Wie zum Beispiel Norbert. Sein Vater steckt ihm ab und an ein paar Scheinchen zu. Mit dem Geld lädt er dann einige der Klasse zum Hamburger-Essen ein. Ich möchte auch so beliebt sein wie Norbert.

(Robert, 11 Jahre)

Vor einem halben Jahr haben sich meine Eltern scheiden lassen. Meine große Schwester sollte zu meinem Papa ziehen und ich bei Mama bleiben. Janette – meine Schwester – will das aber nicht. Mir tut Papa unendlich leid, weil er jetzt so allein ist. Auch wenn ich gern bei Mama bin, muss doch Papa auch geholfen werden. Ich weiß nicht, was ich tun soll?

(Juliette, 12 Jahre)

Manchmal möchte ich vor mir selbst ausreißen. Ich habe Wünsche, die nicht ganz normal sind. Wenn jemand etwas hat, was ich unbedingt besitzen möchte, platze ich vor Neid. Auch wenn andere in der Schule oder im Sport Erfolg haben, bekomme ich schlechte Laune und bin ganz ungenießbar. Ich wäre auch gern so wie die anderen.

(Holger, 12 Jahre)

Meine Oma und mein Opa, die ich beide sehr mag, möchten, dass ich Klavier spielen lerne. Sie haben mich bei einem Klavierlehrer angemeldet und bezahlen auch die Stunden für mich. Klavier spielen bereitet mir aber keine Freude. Ich möchte meine Freizeit ganz anders verbringen. Andererseits will ich sie nicht enttäuschen, weil beide wirklich ganz lieb sind.

(Maria, 11 Jahre)

A

> ▸ Wähle dir eine Person aus. Schreibe dieser Person einen Brief, mit dem du Ratschläge
> erteilst, wie sie sich verhalten soll.
> ▸ Vergleicht die Ratschläge, die ihr in den Briefen gegeben habt. Wer hat die besten
> Ratschläge erteilt?

Wie Wünsche gemacht werden

Erzeugt Werbung Wünsche? Ja, sonst würde die Wirtschaft nicht jedes Jahr Milliarden Euro in alles, was der Werbung dient, pumpen. Und wie sieht es bei dir damit aus? Wie lässt du dich von der Werbung beeinflussen? Bist du etwa ein Konsum-Äffchen, das am Gängelband der Werbung nach allem grapscht, was ihm begehrenswert erscheint? Oder bist du ein Pfennigfuchser, der jeden Cent zehnmal umdreht, bevor er ihn (nicht) ausgibt?

Welche Musik hört ihr gerne?

Welche Bedürfnisse habt ihr?

Welche Gewohnheiten habt ihr?

Mit wem seid ihr gerne zusammen?

Welche Kleidung bevorzugt ihr?

Welche Sprachen könnt ihr?

Ü ▸ *Tragt zusammen, wo euch im Alltag Werbung begegnet. Gestaltet eine Collage zum Thema „Werbung" mit Fotos, Werbesprüchen, Logos …*

▸ *Stellt in der Klasse eure Collagen vor. Kommentiert sie und gebt ihnen entsprechende Überschriften.*

Verlocken – Verführen – Verkaufen

WIR UNTERBRECHEN NUN DEN UNTERRICHT WIEDER FÜR EINIGE MINUTEN.

WERBUNG

Für wie blöd halten die uns?

Die meisten Menschen meinen, dass die Werbung sie nicht beeinflussen würde. Wenn sie aber im Supermarkt vor den Waren stehen, für die am Abend zuvor geworben wurde, kommen ihnen die eingängigen Werbeslogans in den Kopf. Die Waren wandern in den Wagen, weil man ja schließlich herausfinden möchte, was wirklich hinter den Werbespots steckt.

(Carla Dietzel und Ariano Neves, beide 14 Jahre. Aus: PZ, Nr. 90, Juni 1997, S. 15) Q

Ü ▸ *Entwirf eine witzige oder kritische Werbung zu einer Ware/einer Erscheinung, die du auf diese Weise fördern oder bekämpfen möchtest.*

Konsumenten auf dem Vormarsch

Mit einem Lottogewinn würde ich …	Kaufen ist für mich …	Ohne Geld bist du in dieser Gesellschaft …
Wer „in" sein will, muss …	Wer keine Markenkleidung hat, ist …	Wer spart, der ist …
Durch Werbung lasse ich mich nicht manipulieren, weil …	Wenn ein Freund/ eine Freundin etwas tolles Neues hat, dann …	Wenn mein Taschengeld nicht reicht, muss ich …
Gute Werbespots sind …	Wer Schulden macht, ist …	Meine Bedürfnisse lassen sich durch Kaufen …
Im Internet einkaufen ist …	Auf etwas verzichten ist …	Mein Äußeres ist mir …

(Nach: Jugendliche Konsumenten auf dem Vormarsch. In: Werbung und Konsum, Wochenschau Nr. 3/2003, S. 98)

A ▶ *Ergänze die Satzanfänge auf einem Blatt Papier. Tausche deine Gedanken mit deinem Banknachbarn aus.*

Ü ▶ *Schreibe ein Elfchen zum Thema Werbung und Wünsche: Ein Elfchen ist eine Strophenform und besteht aus elf Wörtern:*

	Beispiel:
• erster Vers: ein Wort (z. B. eine Farbe)	Lila
• zweiter Vers: zwei Wörter (das Thema des Gedichts)	die Schokolade.
• dritter Vers: drei Wörter (wie es ist)	Die dicke Kuh
• vierter Vers: vier Wörter (was es tut)	glotzt in die Kamera.
• fünfter Vers: ein abschließendes Wort, das den Leser überrascht.	Werbung

(Annelie Werner. In: Uwe-Carsten Edeler: Wie man Werbung macht, Verlag an der Ruhr, Mülheim an der Ruhr 2004, S. 72)

Markenwahn: ... hast du das, bist du was ...

Hinter der Werbung steht vielfach die Überlegung, dass jeder Mensch eigentlich zwei sind: einer, der er ist, und einer, der er sein will.

(William Feather, 1889–1969, amerikanischer Werbefachmann)

Markenzwang

Jeden Tag werden Schüler an den Schulen von älteren Mitschülern beleidigt und fertig gemacht. Öfters werden sie sogar abgezogen. Schüler trauen sich nicht, den Täter zu entlarven. Sie haben Angst, bedroht oder geschlagen zu werden. Der Markenzwang spielt dabei eine große Rolle.

Immer wieder werden Schüler ausgeschlossen, weil sie keine Markensachen tragen. Als wir unser Schülerpraktikum an einer Grundschule machten, bemerkten wir, dass gerade bei den Jüngeren die Marken eine sehr große Rolle spielen. Da sind die Schüler beliebt, die sich gut anziehen.

Unsere Mitschüler und wir haben aber auch beobachtet, dass diese Situation besser wird, desto älter man wird. Dann findet fast jeder seinen eigenen Style, und das ist auch gut so!

(Gamze und Jasmin, Klasse 9.4, Walter-Gropius-Oberschule, Neukölln. In: http://morgenpost.berlin1.de/archiv2002/020624/jugend/story529706.html)

A
- ▸ *Erstellt eine Liste, was für euch gerade mega-in, was total out ist.*
- ▸ *Wer entscheidet, was in bzw. out ist?*

Ü
- ▸ *Pro-und-Kontra-Diskussion „Markenartikel – Markenwahn"*
- ▸ *Wie sieht es an eurer Schule mit dem Markenwahn aus? Warum ist die Marke so wichtig? Was ist anders, wenn man Markenklamotten trägt? Führt zu dieser Thematik eine Pro-und-Kontro-Diskussion durch. Folgende Rollen sollten besetzt werden:*
Diskussionsleiter (neutral)
Vertreter Pro Markenartikel: Geschäftsführer einer Sportartikelfirma; Werbefachfrau; Single; Schülerin einer 6. Klasse; Medienverteter.
Vertreter Contra Markenartikel: Schüler, an dessen Schule einheitlich grüne Sweatshirts getragen werden; Vater eines Schülers; Lehrerin für LER; Abiturient, Klasse 12; Opa einer Schülerin.

3.4 Lernen will gelernt sein

Wer das Wort „lernen" hört, denkt meist zuerst an Schule und Bücher. Doch vieles von dem, was wir wissen und können, haben wir außerhalb der Schule gelernt: Sprechen, denken, gehen, fühlen, spielen … das meiste davon können die Menschen, ohne dass sich ein Lehrer darum kümmert. Doch die Schule nimmt beim Lernen einen wichtigen Platz ein. Sie vermittelt dem Schüler grundlegende Kenntnisse und Fähigkeiten, die notwendig sind, sich selbst zu bilden und weiterzubilden. Mit dem Ende der Schulzeit ist das Lernen jedoch nicht abgeschlossen. Ein altes chinesisches Sprichwort sagt: „Lernen ist wie Rudern gegen den Strom. Sobald man aufhört, treibt man zurück."

▸ *Erstelle eine Mind Mapping (Gedächtnislandkarte). Und so geht es: Auf einem Extrablatt schreibst du den Begriff „Lernen" in die Mitte. Nun suchst du Begriffe, die dir im Zusammenhang mit dem Wort „Lernen" einfallen (Stoffsammlung). Sortiere diese Begriffe so, dass mehrere Überbegriffe hervorgehoben werden, denen wiederum die Einzelbegriffe zuzuordnen sind. Zum Schluss kannst du die Begriffe mit Linien verbinden, so dass Verästelungen entstehen, die Abhängigkeiten sichtbar machen.*

Was und warum wir lernen

Arten des Lernens

Olaf: Ich möchte immer alles ganz genau wissen. Mir macht das Lernen einfach Spaß. Beispielsweise über Kontinente Bescheid zu wissen, sich in Mathe auszukennen oder in Bio Durchblick zu haben, ist doch eine tolle Sache.

Susi: Ich bin gern mit anderen zusammen. Wenn es Krach gibt zwischen Mitschülern oder wenn mit Lehrern zu sprechen ist, werde ich gerufen. Mutti meint, ich hätte so eine besondere Art mit anderen zurechtzukommen.

Peggy: Meine Mutti hat mit mir schon ab der 3. Klasse Englisch gelernt. Da habe ich gemerkt, wie leicht mir das Erlernen einer Fremdsprache fällt. Jetzt kann ich mich schon etwas in Englisch unterhalten.

Marion: Meine Mitschüler nennen mich manchmal aus Spaß Scharfauge. Das kommt daher, weil ich bei Experimenten und anderen Beobachtungen immer alles ganz genau mitbekomme. Man muss sich nur konzentrieren, dann klappt es auch.

Robert: Wenn etwas mit Sport ansteht, bin ich sofort hellwach. Egal, ob es um Geräteturnen, Spiele oder Dauerlauf geht – ich gehöre immer zu den Besten. Es bereitet mir Freude, meine Geschicklichkeit unter Beweis zu stellen.

▸ *Beschreibe, welche Lernart jeweils in den Äußerungen der Schülerinnen und Schüler gemeint ist. Finde dafür eine passende Beschreibung.*
▸ *Welche Lernart fällt dir am leichtesten? Welche bereitet dir die größten Schwierigkeiten? Finde Gründe, warum das so ist.*

A ▶ *Wähle aus, welches Foto zu welcher Lernart passt. Begründe deine Entscheidung.*

Gründe fürs Lernen

In einer Befragung sollten Schüler angeben, wie wichtig ihnen bestimmte Gründe für das Lernen sind. Für wie viele der 1000 befragten Schüler die einzelnen Gründe entweder sehr wichtig oder wichtig waren, kannst du der Grafik entnehmen.

Gründe fürs Lernen	Dieser Grund ist bei 1000 Schülerinnen und Schülern sehr wichtig oder wichtig für
dass ihr Wissen und Können zunimmt	725 — 252
dass sie ihre Eltern nicht enttäuschen	431 — 470
dass sie später viel Geld verdienen	384 — 418
weil sie als Schüler einfach die Pflicht und Verantwortung dafür haben	339 — 460
wenn es dabei Spaß und Abwechslung gibt	376 — 411
dass sie von ihren Mitschülern geschätzt und anerkannt werden	148 — 440
dass sie vom Lehrer geachtet und gelobt werden	141 — 378

■ sehr wichtig ▦ wichtig   0 100 200 300 400 500 600 700 800 900 1000

A ▶ *Erläutere die Ergebnisse der Befragung, indem du Vermutungen anstellst, warum die Ergebnisse so zustande gekommen sind.*
▶ *Was gibt es noch für Gründe für das Lernen? Welche Gründe sind für dich wichtig?*
▶ *Man lernt nicht nur in der Schule. Nenne Orte und Gelegenheiten außerhalb der Schule, wo man lernt und erläutere, was man dort lernen kann.*

Lisa erhält Ratschläge

Immer, kurz bevor es Zeugnisse gibt, bekommt Lisa von allen zu hören, wie gut es doch sei, wenn man gute Noten kriegt. Alle geben ihr irgendwelche Ratschläge.

„Du musst tüchtig lernen, damit später einmal etwas aus dir wird", sagt Tante Hilde oft.

„Jaja, nicht für die Schule lernt man, sondern fürs Leben", fügt Onkel Georg dann stets hinzu und: „Ohne Fleiß kein Preis!"

„Etwas zu lernen, hat noch keinem geschadet", meint Lisas Vater. „Also streng dich an." „Mit guten Noten und einem guten Beruf kommst du im Leben voran", sagt Lisas Mutter. „Darüber bist du später einmal froh."

Am liebsten würde sich Lisa die Ohren zuhalten. Sie kann die Sprüche nicht mehr hören. Sie gehen ihr echt auf die Nerven! Das sagt sie schließlich auch Oma Lydia, obwohl die noch gar nichts gesagt hat.

Aber die Oma zuckt nur mit den Schultern und erwidert: „Bei mir hat's früher immer geheißen: Mädchen brauchen nicht so viel zu lernen, denn sie heiraten später sowieso einmal …"

„Ach nee!", ruft Lisa und tippt sich mit dem Finger an den Kopf. „Das ist jetzt aber wirklich das Dümmste, was ich bisher gehört habe!"

„Eben", sagt Oma Lydia.

(Angelika Ehret: Lisa-Geschichten. In: tablo-Reihe, Finken Verlag, Oberursel 2001. Zit. nach: Grundschulunterricht Nr. 12/2003, S. 21)

A ▶ *Im Text sind Sprichwörter angeführt, die etwas mit Lernen zu tun haben. Schreibe sie heraus, und begründe kurz, warum sie dir gefallen oder auch nicht zusagen.*

Ü ▶ *Befrage deine Eltern und andere Erwachsene, welche Sprichwörter sie über das Lernen kennen. Informiere dich in Lexika, in anderen Büchern und auch im Internet, welche Sprichwörter dort zum Lernen zu finden sind. Schreibe die Sprichwörter auf und erkläre ihre Bedeutung.*

Lernen lernen

Uns soll es an dieser Stelle nicht um Tipps zum Lernen gehen. Wir wollen vielmehr der Frage nachgehen, unter welchen Voraussetzungen man am besten lernt.

A
▶ *Schreibt eine Geschichte zu den Bildern von Wilhelm Busch. Denkt euch hierzu auch eine Überschrift aus.*
▶ *Die Bildergeschichte stammt aus dem Jahr 1882. Was wollte der Zeichner damit kritisieren?*

Platon oder „Warum man ohne Zwang lernen sollte"
In seinem Werk „Der Staat" gibt Platon ein Gespräch über die Erziehung der Jugend zwischen seinem Lehrer Sokrates und seinem älteren Bruder Glaukon wieder.

Sokrates: Was nun zum Rechnen, zur Geometrie und zum ganzen vorbereitenden Unterricht gehört, … das muss man ihnen im Knabenalter vorlegen, indem man der Belehrung eine Form gibt, die das Lernen nicht als Zwang erscheinen lässt.
  Glaukon: Warum denn?
  Sokrates: Weil kein Mensch durch Zwang zum Erlernen irgendeiner Wissenschaft veranlasst werden soll. Denn die körperlichen Anstrengungen machen den Körper nicht schlechter, wenn sie unter Zwang betrieben werden, in der Seele aber bleibt kein erzwungenes Wissen haften.
  Glaukon: Richtig.
  Sokrates: Du darfst also, mein Bester, die Knaben nicht zwangsweise in den Wissenschaften unterrichten, sondern spielend sollen sie lernen.
  (Platon: Der Staat, Reclam Verlag, Stuttgart 1982, S. 357) Q

A
▶ *Was meint Sokrates mit: „… in der Seele bleibt kein erzwungenes Wissen haften".*
▶ *Wie erreicht ihr die besten Lernergebnisse?*
▶ *Was bewirken „Zwang" und „Druck" bei euch?*

Lernen und Fließen

Mihaly Csikszentmihalyi, ein Psychologe von der Universität Chicago, stellte bei Menschen, die sich voller Hingabe einer Aufgabe stellten, eine hochgradige und positive Spannung fest, die er mit „Fließen" bezeichnete.

Das Fließen ist ein innerer Zustand, der signalisiert, dass ein Kind sich mit einer Aufgabe beschäftigt, die ihm entspricht. Man muss etwas finden, das einem Spaß macht, und dabei muss man dann bleiben. […] Es besteht die Hoffnung, dass Kinder, die beim Lernen die Erfahrung des Fließens machen, dadurch ermutigt werden, sich den Schwierigkeiten auf anderen Gebieten zu stellen." […]

Generell legt das Modell des Fließens nahe, dass das Erreichen der Meisterschaft in irgendwelchen Fertigkeiten oder Kenntnissen sich zwanglos vollziehen sollte, da das Kind sich zu den Dingen hingezogen fühlt, die es spontan fesseln, die es recht verstanden liebt. Diese anfängliche Zuneigung kann der Ausgangspunkt für hochgradige Könnerschaft sein, denn irgendwann erkennt das Kind, dass eifriges Üben, egal, ob es um Tanz, Mathematik oder Musik geht, ihm die Freude des Fließens vermittelt.

(Daniel Goleman: Emotionale Intelligenz, Carl Hanser Verlag, München Wien 1996, S. 119 ff.)

 ▶ Worin besteht die Entdeckung von Mihaly Csikszentmihalyi? Erläutere seine Auffassungen mit eigenen Worten.

Der Chemie-Experimentierkasten

Ich kann mich noch sehr gut daran erinnern. Das war damals in der 7. Klasse. Ich war ein ziemlich schlechter Schüler. Meine Eltern appellierten an meine Vernunft, drohten mit dem Entzug des von mir geliebten Fahrrades und organisierten unerträgliche Lern-Nachmittage, an denen die Unterrichts-Versäumnisse nachgeholt werden sollten. Doch alles half nichts.

Bis ich zum Geburtstag von meinem Opa einen Chemie-Experimentierkasten geschenkt bekam. Von nun an verging kein Nachmittag, an dem ich nicht experimentierte und die Versuchsreihen ausprobierte, die in den Hinweisen zum Experimentierkasten beschrieben waren. Das war eigentlich widersinnig, denn gerade Chemie zählte zu dem Fach, worauf ich absolut keinen Bock hatte. Mein Chemie-Lehrer erkannte mich nicht wieder. Ich war emsig im Unterricht, übernahm zusätzliche Aufgaben und interessierte mich plötzlich neben Chemie auch für Physik und Mathe. Heute ist sich der Familienrat einig: Die Beschäftigung mit dem Chemie-Experimentierkasten brachte die Wende in meinem Lern-Leben. Das muss wohl stimmen. Denn seit 10 Jahren bin ich als Chemielehrer tätig.

(Rainer L., Chemielehrer in Potsdam)

 ▶ Finde eine Aufgabe, mit der du über dich hinauswachsen könntest und die dich anspornt, hohe Leistungen zu vollbringen. Die Aufgabe soll dir Spaß machen und deinen Stärken entsprechen.

Welt,
Natur und Mensch

4

4.1 Die Welt – was ist das?

Mit dem Begriff „Welt" bezeichnen wir heute etwas sehr Verschiedenes. Im Geografieunterricht sind damit in der Regel Länder, Kontinente und Meere gemeint. Als Papst
Johannes Paul II. starb, hieß es in den Medien: Die ganze Welt nimmt Anteil an seinem Sterben und Tod. Gemeint waren damit politische und religiöse Repräsentanten
von Staaten, Kirchen und Religionsgemeinschaften und viele Menschen in der Welt.
Als die ersten Astronauten die „Welt" von außen sahen, schwärmten sie von einem
wunderbaren blauen Planeten. Wenn wir abends mit einem großen Teleskop in den Himmel schauen, können wir noch andere Planeten, die Galaxie „Milchstrasse", zu der
unser Sonnensystem gehört und noch andere Galaxien erkennen, die zusammen mit
vielen anderen Galaxien das Weltall bilden.

Welt als unsere Erde

Wenn im Geografieunterricht von der ganzen Welt gesprochen wird, dann ist damit meistens die Erde gemeint mit ihren Ozeanen und Meeren, mit ihren verschiedenen Kon-
tinenten, mit der Arktis bzw. Antarktis, mit ihren Flüssen, Gebirgen, Wäldern, Steppen,
Wüsten und mit ihrem fruchtbaren Acker- und Weideland.

Der rätselhafte Planet

„Hast du gewusst, dass gerade ein geheimnisvoller Planet entdeckt worden ist, auf dem
einige Millionen intelligente Wesen wohnen, die auf zwei Beinen durch die Gegend laufen und ihren Planeten durch ein paar lebendige Linsen betrachten?" Ich musste zuge-
ben, dass mir das neu war. „Dieser kleine Planet wird durch ein kompliziertes Netz von
Bahnen zusammengehalten, auf denen diese cleveren Kerlchen pausenlos in bunten
Wagen herumkutschieren."

„Stimmt das wirklich?"

„Yes, Sir! Das rätselhafte Gewürm auf dem Planeten hat sogar riesige Gebäude mit
über hundert Stockwerken errichtet. Und darunter – da haben sie lange Tunnel gegra-
ben, in denen sie in elektrischen Apparaten herumsausen können, die sich auf Schienen
bewegen."

„Bist du ganz sicher?", fragte ich.

„Ganz sicher, ja."

„Aber … warum hab ich dann noch nie von diesem Planeten gehört?"

„Nun ja", sagte Vater. „Zum einen ist er erst vor sehr kurzer Zeit entdeckt worden.
Und zum anderen fürchte ich, dass ihn außer mir noch niemand kennt."

„Wo liegt er denn?"

(Jostein Gaarder: Der rätselhafte Planet. In: Das Kartengeheimnis, Carl Hanser Verlag,
München 1992)

A
▸ Erkläre anhand entsprechender Textstellen, um welchen Planeten es sich handelt.
▸ Stell dir vor, du befindest dich am gleichen Standort wie der Betrachter des Planeten
  aus dem Text. Wie würdest du den Planeten beschreiben?

Welt als Universum oder Kosmos

Kosmos ist ein Wort, das aus dem Griechischen stammt. Wir fassen damit alles zusammen, was nach unserer heutigen Kenntnis zum Weltall gehört: die Erde, die anderen Planeten, die Sonne, alle „Sterne" (Sonnen) der so genannten Milchstraße, alle weiteren Galaxien und all das, was wir Menschen sonst noch im Weltall schon entdeckt haben oder dort noch verborgen ist. Das Wort bedeutet nun, dass das alles nicht nur eine wirre, chaotische Ansammlung von Himmelskörpern oder sonstigem Material ist, sondern ein bewundernswertes, klar geordnetes, sehr genau in sich abgestimmtes System und Ganzes, das wir Menschen bestaunen und ehrfurchtsvoll zur Kenntnis nehmen sollten.

Unser Sonnensystem

Die Entfernungen und Größenverhältnisse im Weltraum sind unvorstellbar groß. In unserem Modell ist die Sonne 70 Zentimeter groß. In Wirklichkeit ist der Durchmesser der Sonne 1 392 000 Kilometer. Auch die anderen Planeten sind in Wirklichkeit natürlich viel größer als unser Modell.

	Durchmesser im Modell	Entfernung v. d. Sonne im Modell
Merkur (Nagelknopf)	2,5 mm	30 m
Venus (Erbse)	6,0 mm	54 m
Erde (Erbse)	6,5 mm	75 m
Mars (bunter Stecknadelkopf)	3,5 mm	115 m
Jupiter (Tennisball)	71,5 mm	390 m
Saturn (Mandarine)	60,5 mm	715 m
Uranus (Tischtennisball)	25,5 mm	1435 m
Neptun (Tischtennisball)	25,00 mm	2250 m
Pluto (Nagelkopf)	1,0 mm	2910 m
Sonne (Sitzball)	700,0 mm	

Ü
▶ *Ein Experiment: Sucht entsprechende Gegenstände, die sich als Modelle eignen. Beschriftet die Modelle.*
▶ *Geht auf den Schulhof, den Sportplatz oder auf ein anderes geeignetes Gelände. Legt das Sonnenmodell in die Mitte und versucht nun, alle Planeten-Modelle in der richtigen Entfernung zur Sonne im Gelände zu verteilen. Ab wann wird der gewählte Platz zu klein?*

4.2 Überlieferungen erklären die Welt

Unsere Kenntnisse über Welt, Natur und Mensch bestehen zu einem erheblichen Umfang aus Weisheiten und Einsichten, die die Menschheit in einigen Jahrhunderttausenden durch Erfahrungen gewonnen hat. Diese Erfahrungen haben sich zu grundlegenden Bildern und Vorstellungen verdichtet, denen wir heute vor allem in Redewendungen, in Symbolen sowie in Mythen und Märchen begegnen.

Ein altägyptischer Mythos

In altägyptischen Darstellungen wird sehr anschaulich mit Bildern erzählt. Das folgende Bild erzählt wesentliche Teile des altägyptischen Weltverständnisses.

A ▶ *Schaut euch das Bild genau an und findet Schritt für Schritt heraus, was es erzählen will.*
1. *Was stellt die obere Figur dar, die auch als „Mutter der Sterne" bezeichnet wird, was die untere, wenn ihr bedenkt, dass beide einen Kreis bilden, sich praktisch berühren und die angewinkelten Beine der unteren Figur Berge darstellen?*
2. *Bestimmt das Geschlecht der beiden Figuren. Was soll daran deutlich werden?*

3. *Der rote Kreis unter der oberen Figur stellt die Sonne dar. Sie liegt auf dem Kopf des Gottes Re und ist mit ihm identisch. Re sitzt in einem Boot und fährt im Bild von rechts nach links. Was bedeutet das? Andere Bilder zeigen, wie der rote Punkt (die Sonne) im Mund der oberen Figur verschwindet und durch ihren Körper wandert. Wie versteht ihr das?*

4. *Welche Bedeutung messt ihr diesem ganzen Vorgang bei?*

5. *Im Boot sitzt auch Maat, die Göttin von Recht und Ordnung mit dem Anch-Zeichen in der Hand. Wer dieses Zeichen trägt (hat), besitzt die Macht, Leben zu schenken oder zu nehmen. Was bedeutet es, dass diese Figur (Maat) mit dem Anch-Zeichen „in einem Boot" mit der Sonne , dem Gott Re, sitzt?*

6. *Die Figur rechts gießt Wasser aus. Es ist eine Göttin. Was bringt der Kreis rechts neben ihr zum Ausdruck? (Achtet auf den roten Kreis, die arbeitenden Menschen und die Samenkörner um den Kreis herum.)*

7. *Die Figur links ist der Beherrscher der Wüste. Was bedeutet die Geste seiner Hände, wenn ihr das Zeichen an seinen Armen bedenkt?*

8. *Versucht eine „Botschaft" zu formulieren, die diese Bildererzählung insgesamt weitergeben möchte. Bezieht diese Botschaft auf die Menschen.*

In Redewendungen sich verständigen

Das kennst du bereits: Häufig werden Redewendungen verwendet, um etwas auszudrücken.

Beispiele:
* Was Hänschen nicht lernt, lernt Hans nimmer mehr.
* Das Gras wachsen hören.
* Neue Besen kehren gut.
* Mit ihm ist nicht gut Kirschen essen.
* Allen Menschen recht getan, ist eine Kunst die niemand kann.
* Ein jeder kehre vor seiner Tür.

A ▶ *Erkläre, was die Redewendungen bedeuten.*

A ▶ *Welche Redewendungen gehören zu den Abbildungen? Erkläre jeweils an einem Beispiel, was die Redewendungen bedeuten.*

Welt und Natur in Symbolen

Das griechische Wort *Symbol* heißt wörtlich übersetzt das „Zusammengebundene", womit ausgedrückt werden soll, dass verschiedene Bereiche eines Themas in einem einzigen Begriff zusammengefasst sind. Durch die Erschließung eines Symbols kann man sich verborgenen Inhalten und Botschaften annähern. Obwohl Symbole verschiedene Möglichkeiten der Erklärung zulassen, werden sie von Menschen des entsprechenden Kulturkreises sofort in einem bestimmten Sinn verstanden. Symbole sprechen die Gefühle der Menschen an.

Von Symbolen werden *Zeichen* unterschieden. Zeichen weisen nur auf etwas hin. Sie sind in ihrer Aussage eindeutig und wirken nicht auf unsere Gefühle.

A
▸ *Benennt die Abbildungen mit entsprechenden Begriffen.*
▸ *Was sind Symbole, was Zeichen? Erklärt die Unterschiede anhand der obigen Begriffsbestimmung.*

Symbol „Feuer"

„Feuer" gehört zu jenen Symbolen, die Positives und Negatives ausdrücken. Die Gefährdung und das Gelingen des Lebens wird damit zum Ausdruck gebracht. In der christlichen Bibel gibt es Geschichten von verheerendem Feuer als Strafe *(Sodom und Gomorrha)*. Auch die Vorstellung von Hölle und Fegefeuer entspricht dieser Seite des Symbols. Andererseits wird Feuer mit Gott *(der brennende Dornbusch)* und Heiligem Geist *(Pfingsten)* in Verbindung gebracht.

Empfindungen bei Feuer

Kommen wir noch einmal auf das Symbol „Feuer" zurück. Wenn wir das Feuer im Kamin beobachten, wo es Wohlbehagen ausstrahlt, dann drückt es eine lebhafte, warme und angenehme Stimmung aus. Sehen wir dagegen ein Gebäude oder einen Wald brennen, dann ist das für uns ein drohendes, schreckliches Erlebnis, das uns die Machtlosigkeit des Menschen den Elementen der Natur gegenüber empfinden lässt. Daher kann das Feuer sowohl innere Lebendigkeit und Glück als auch Angst, Machtlosigkeit und eigene destruktive (zerstörerische) Neigungen symbolisieren.

(Erich Fromm, Märchen, Mythen und Träume, Deutsche Verlags-Anstalt 1980, S. 24)

Symbol „Baum"

In vielen Kulturen der Menschen spielen Bäume von Anfang an bis heute eine wichtige Rolle. Sie faszinieren durch ihre Gestalt und Beständigkeit sowie durch ihren jahreszeitlichen Wechsel bzw. ihren immergrünen Zustand. Der Laubbaum steht mit seinem jahreszeitlichen Wechsel für die ständige Wiedergeburt des Lebens, der immergrüne Nadelbaum für die Unsterblichkeit.

Altpersisches Relief mit einem Lebensbaum

Die immergrüne Weltenesche Yggdrasil

Für die Nordgermanen (Wikinger) bildete ein Baum die Achse der Welt, um die sich alles drehte und die alles zusammenhielt. Als Stütze des ganzen Weltgebäudes verband er einerseits das Totenreich, die Erde und den Himmel miteinander und trennte die verschiedenen Bereiche zugleich voneinander ab. Sie nannten diesen Baum Weltenesche oder Yggdrasil. Am Fuße der Weltenesche lebte eine Art Schicksalsgöttinnen, die über das Wohl und Wehe von Göttern und Menschen entschieden.

An diesem „Achsen-Welt-Baum" konnten Menschen auch hinauf- und wieder herunterklettern. Das war natürlich außerordentlich gefährlich. Befähigt dazu waren die Schamanen, die sich auf diese Weise besondere Kenntnisse beschaffen konnten. Dadurch waren sie dann in der Lage, wichtige Ratschläge zu geben, zu heilen oder aber auch Unheil anzukündigen.

Gewandung eines Schamanen mit Weltenbaumzeichnung

A ▸ Beschreibt mit euren Worten, welche Bedeutung die Weltenesche für die Germanen hatte. Hilfe könnt ihr euch dadurch beschaffen, dass ihr die Verben aus dem Text heraussucht und euch ihre Bedeutung klar macht.

Bäume und ihre Bedeutung in anderen Kulturen und Religionen

In altägyptischen Darstellungen kann man sehen, wie eine Göttin in Baumgestalt der vogelartigen Seele eines Menschen zu essen und zu trinken gibt. Wer etwas davon zu sich nahm, lebte nach dem Tode weiter, so der Glaube der Ägypter. Bäume standen also in Verbindung mit Leben.

Baumgöttin spendet Speis- und Trank

In grundlegenden Texten des Judentums und des Christentums zur Schöpfung der Welt findet sich die Vorstellung vom Baum des Lebens in der Mitte des (Paradies)gartens, dort, wo auch „der Strom", also das Lebenswasser, entspringt.

Der Baum in der Mitte des Gartens wird sowohl als Lebens- und als Todesbaum vorgestellt. Die rechte Seite (aus der Sicht des Bildes!) aber die linke aus der Perspektive des Betrachters stellt das Leben (ewiges Leben) dar. Die Frau (Maria) nimmt direkt vom Baum eine Frucht und gibt sie als Hostie weiter. Dahinter steht ein Engel, der symbolisch zum Ausdruck bringt: Hier ist die „himmlische" Seite, das wahre Leben.

Lebens- und Todesbaumjahr

A
▸ Schaut euch die linke Seite aus der Sicht des Bildes, die rechte aus der Perspektive des Betrachters genau an. Welchen Vorgang und welche Figuren könnt ihr erkennen?
▸ Wer ist die Frau, wer steht im Hintergrund? Beschreibt, was mit dieser Bildhälfte zum Ausdruck gebracht werden soll.

Baum als Symbol in der Literatur

Bäume

Bäume sind für mich immer die eindringlichsten Prediger gewesen. [...] In ihren Wipfeln rauscht die Welt, ihre Wurzeln ruhen im Unendlichen; allein sie verlieren sich nicht darin, sondern erstreben mit aller Kraft ihres Lebens nur das Eine: ihr eigenes, in ihnen wohnendes Gesetz zu erfüllen, ihre eigene Gestalt auszubauen, sich selbst darzustellen. [...]

Wenn ein Baum umgesägt worden ist und seine nackte Todeswunde der Sonne zeigt, dann kann man auf der lichten Scheibe seines Stumpfes und Grabmals seine ganze Geschichte lesen: In den Jahresringen und Verwachsungen steht aller Kampf, alles Leid, alles Glück und Gedeihen treu geschrieben, schmale Jahre und üppige Jahre, überstandene Angriffe, überdauerte Stürme. [...]

Bäume sind Heiligtümer. Wer mit ihnen zu sprechen, wer ihnen zuzuhören weiß, der erfährt die Wahrheit. Sie predigen nicht Lehren und Rezepte, sie predigen, um das Einzelne unbekümmert, das Urgesetz des Lebens.

Ein Baum spricht: In mir ist ein Kern, ein Funke, ein Gedanke verborgen, ich bin Leben vom ewigen Leben. Einmalig ist der Versuch und Wurf, den die ewige Mutter mit mir gewagt hat, einmalig ist meine Gestalt und das Geäder meiner Haut, einmalig das kleinste Blätterspiel meines Wipfels und die kleinste Narbe meiner Rinde. [...]

Wer gelernt hat, Bäumen zuzuhören, begehrt nicht mehr ein Baum zu sein. Er begehrt nichts zu sein, als was er ist. Das ist Heimat. Das ist Glück.

(Hermann Hesse, Bäume. Zit. nach: Almut Löbbecke (Hg.): Die Fundgrube für den Ethik- und Religionsunterricht, Cornelsen Scriptor Verlag, Berlin 1999, S. 59 f.) Q

Der polnische Baum

Ein Baum ist gestanden außerhalb, aber noch in Sicht des Städtchens Kielce, unbekannt weithin, fern der Welt, am Rande der Historie immer gelegen.

Aus dem umfänglichen Laubwerk, aus dem tiefgrünen Wipfel soll an manchen Tagen ein Weinen wie von Kinderstimmen vernehmbar sein, wenn der Wind hineinfährt, Schreien und Wimmern, Seufzen, das in schnarrenden Geräuschen, in atemloser Stille endigt. Nicht jeder, sagt man in Kielce, hat auch die richtigen Ohren um zu hören, was in dem zitternden Gezweig laut wird.

Ein deutscher Wissenschaftler, bewaffnet mit einem Tonbandgerät, lauerte lange Zeit gutwillig unter der riesigen Blätterkrone ohne etwas phonetisch Besonders aufnehmen zu können, und verweist ins Reich der Sage, was von dem Baum und den Kindern berichtet wird. Er sagt: Bis auf die Eiche und zwei Häher ist alles andere wissenschaftlich unhaltbar.

(Günter Kunert: Der polnische Baum. In: Kramen in Fächern, Aufbau Verlag Berlin/Weimar 1968) Q

Ü ▸ *Was würde eurer Meinung nach ein Baum heute in einer Ansprache den Menschen sagen wollen? Schreibt diese Rede in die Form eines großen Laubbaumes auf ein gesondertes Blatt Papier.*

P ▸ *Sammelt Geschichten von Bäumen. Das können Geschichten von alten Bäumen in eurer Umgebung sein oder auch eigene Erlebnisse. Erstellt mit euren Geschichten eine kleine Ausstellung. Wer hat die beste Geschichte geschrieben?*

Symbole in Märchen

In Märchen werden wichtige Erfahrungen und Probleme, die Menschen im Laufe ihres Lebens machen und bewältigen müssen, in Symbolen (Bildern) dargestellt.

Hänsel und Gretel

Im Märchen von Hänsel und Gretel kann man das besonders gut erkennen. Da ist der Wald einmal – ganz direkt und ohne symbolische Bedeutung – der Ort, wo man Holz sammelt oder fällt, um Feuer machen und die Kälte vertreiben zu können. Aber zugleich ist „Wald" auch ein Symbol. Er steht für das „Draußen", für die unbekannte, weite Welt mit all ihren Gefahren, Problemen, aber auch mit ihren Möglichkeiten und Chancen. Zuerst leben z. B. Hänsel und Gretel noch „vor" dem Wald oder Rotkäppchen im Dorf, eine halbe Stunde vom Walde entfernt. Dann aber müssen sie „in" den Wald.

Wald ist der Ort der ...., die meine Kinder .... Wald ist die Wildnis, in der man sich .... Am dritten (!) Tag kann man .... wohin kommen? Wie wird dieser „Ort" beschrieben? Was bedeutet das?................. Was tun Hänsel und Gretel da?..................... Es kommt zu einer Begegnung. Was erleben sie zunächst? ....? Was geschieht dann? .... Wodurch ändert sich alles? .... Was finden Hänsel und Gretel (im Waldhaus) nach der Befreiung? Was bedeutet das? .... Was tun sie? .... Wie wird das neue „Zuhause" nach der Rückkehr aus dem „Wald" beschrieben? ....

 ▸ *Lest das Märchen von Hänsel und Gretel sehr aufmerksam. Übertragt die angefangenen Sätze in euer Arbeitsheft. Schreibt mit Hilfe der angefangenen Sätze heraus, was der „Wald" symbolisch verkörpert.*

Was steckt dahinter?

Rotkäppchen – Das kalte Herz – Der Wolf und die sieben Geißlein – Aschenputtel – Tischlein deck dich – Der Froschkönig – Der gestiefelte Kater – Die goldene Gans – Dornröschen – König Drosselbart

 ▸ *Wählt euch ein Märchen aus, das ihr genauer untersuchen möchtet.*
▸ *Untersuchungsaufgaben: Welche Symbole werden im jeweiligen Märchen verwendet? Welche Bedeutung haben diese Symbole? Worin besteht die Botschaft des Märchens? Ist diese Botschaft auch für die heutige Zeit von Bedeutung?*
▸ *Vergleicht eure Ergebnisse. Diskutiert über die unterschiedlichen Meinungen eurer Interpretationen*

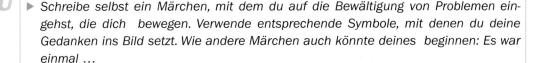

Ü ▸ *Schreibe selbst ein Märchen, mit dem du auf die Bewältigung von Problemen eingehst, die dich bewegen. Verwende entsprechende Symbole, mit denen du deine Gedanken ins Bild setzt. Wie andere Märchen auch könnte deines beginnen: Es war einmal …*

Farben und ihre symbolische Bedeutung

Nicht bloß Bäume haben Symbolcharakter, sondern auch Farben. Ihn zu kennen ist wichtig, wenn man Kunst und Werbung verstehen will, die mit den symbolischen Bedeutungen von Farben arbeiten.

Die Farbe **Grün** steht zum Beispiel symbolisch für Hoffnung und Ermutigung, sowie Ruhe und Frieden. Genau das verbinden wir mit dem Immergrün der Nadelbäume oder dem Sprießen der Blätter im Frühling. Deshalb kann z. B. der Weihnachtsbaum nur ein immergrüner Nadelbaum sein und deshalb spielen auch Mistelzweige zu Weihnachten eine wichtige Rolle.

Die Farbe **Rot**, in der Natur vertreten vor allem durch die roten Früchte (Äpfel, Granatapfel) oder durch Blut, bedeutet: Es geht um Leben, Liebe sowie Leidenschaft und deshalb auch um Verführung, Hass und Tod, weil diese Dinge eng mit einander verbunden sind.

Schwarz steht für Dunkelheit, Angst und Trauer sowie Schweigen und Ruhe. Wenn ihr euch im Spätherbst, wenn alle Blätter schon gefallen sind und noch kein Schnee liegt, einmal die Silhouette eines großen Baumes anschaut, werdet ihr das gut verstehen können.

Gelb reicht von warm goldgelb für Gold und Glanz und Sonne bis zum beißenden, giftigen Gelb von Galle, Eiter und Gelbsucht.

A
▷ *Erarbeitet euch die Bedeutung der verschiedenen Blautöne selbst. Haltet zuerst fest, welche Bilder und Empfindungen euch zu blau einfallen.*
▷ *Verbindet dann „blau" mit anderen Wörtern (z. B. taubenblau).*
▷ *Fragt auch Eltern, Bekannte und Freunde, was ihnen zur Farbe Blau einfällt.*

Abendlied
Der Mond ist aufgegangen,
die goldnen Sternlein prangen
Am Himmel hell und klar.
Der Wald steht schwarz und schweiget,
Und aus den Wiesen steiget,
Der weiße Nebel wunderbar.
(Matthias Claudius) Q]

A ▶ *Beschreibt, was symbolisch mit Hilfe von Bildern und Farben in diesem Text für euch zum Ausdruck kommt.*

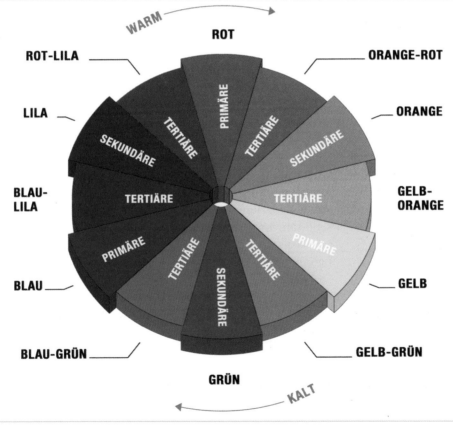

Ü ▶ *Was ist deine Lieblingsfarbe? Was sind die Lieblingsfarben der Menschen, die dir wichtig sind? Welche Farben magst du gar nicht?*
▶ *Schreibe ein Gedicht, in dem in jeder Zeile eine Farbe vorkommt, und finde für das Gedicht einen passenden Titel.*

4.3 Sinnvoller Gebrauch der Natur

Unsere Erde, auf der wir Menschen zusammen mit allen Pflanzen und Tieren leben, gleicht einem Raumschiff, das sich innerhalb des Sonnensystems und unserer Galaxie, der Milchstraße, im Universum bewegt. Es ist durch unsichtbare, stabile „Wände" nach außen fest abgeschlossen und geschützt. Denn außerhalb unseres Raumschiffes Erde sind wir von einer Welt umgeben, die für irdisches Leben tödlich ist. Das Raumschiff Erde hat alles an Bord, was zum Fortbestand des Lebens notwendig ist. Aber es ist zugleich in höchstem Maß gefährdet: Alle Systeme an Bord müssen einwandfrei funktionieren, ihr genaues, aufeinander abgestimmtes Zusammenwirken darf nicht gestört werden. Ansonsten bricht alles zusammen und das Leben verlöscht.

Tagebuch der Natur

Der Österreicher Willy Puchner hat ein sehr persönliches Tagebuch der Natur geführt. Mit seinen Zeichnungen und Texten wird er zum wachen, geduldigen Beobachter und Entdecker der Natur.

Froschteich

Jede freie Minute verbringe ich an einem Froschteich: Ein Gewässer ohne Zufluss, ein von der Natur ausgewachsenes Paradies. Irgendwo in Wien zwischen der Oberen und Unteren Lobau. Dieser Ort ist für mich ein Refugium, eine Art geheimer Schlupfwinkel. Hier bin ich umgeben von Sumpfkresse, Brennnessel, wilder Minze, geruchloser Kamille und kleinblütigem Knopfkraut. Im Wasser grundeln Fische, auf dem Wasser spazieren Teichläufer, am Ufer hocken Frösche und Kröten. Wenn ich jetzt noch davon schreibe, dass ständig kleine und große Libellen an mir vorbeischwirren, ist die Idylle perfekt.

(Willy Puchner: Tagebuch der Natur, NP Buchverlag,
St. Pölten/ Wien Linz 2002)

▶ Lasst euch durch Willy Puchner anregen, auch auf Entdeckungsreise zu gehen. Fotografiert, zeichnet oder beschreibt Begegnungen mit der Natur in eurer unmittelbaren Umgebung.
▶ Wählt euch einen Ausschnitt aus der Natur aus, den ihr genau beobachtet.
▶ Stellt auch fest, ob es Gefährdungen der Natur durch den Menschen gibt. Fasst eure Ergebnisse in einem Protokoll zusammen.

Unser Lebensraum

Wenn wir unsere Erde als ein Raumschiff verstehen, dann sind wir Menschen die jüngsten Besatzungsmitglieder. Das Raumschiff Erde ist lange vor uns gebaut worden. Wenn man die Existenz unseres Raumschiffes vergleichsweise mit einem Jahr von 360 Tagen ansetzt, dann haben wir Menschen ziemlich genau vor 1 Stunde und 54 Minuten dieses Raumschiff betreten. Fast 360 Tage hat alles ohne uns Menschen existiert und funktioniert. Wer das Bild vom „Raumschiff Erde" gebraucht, sieht die Welt als Einheit, als Schicksalsgemeinschaft. Schäden an der Natur kümmern sich nicht um Ländergrenzen und Kontinente. Also muss es auch eine gemeinsame Verantwortung der Menschheit für die Bewahrung der Natur geben.

A
▶ *Stellt euch dieses Bild genau vor: Ihr betretet ein Raumschiff, das schon so lange „fliegt" und funktioniert. Jetzt seid ihr an Bord gegangen und könnt nicht mehr zurück. Was tut ihr? Wie verhaltet ihr euch? Schreibt dazu eine kleine Geschichte, in der ihr auch ganz verschiedene Verhaltensmöglichkeiten gedanklich durchspielt.*

Die Natur ist unser Zuhause (Nature is our home)

Eines Morgens wache ich auf.
Die Sonnenstrahlen brachen
durch die Nebel meines Schlafs.
Die Stimmen der Vögel sagten mir:
Das ist ein neuer Tag. Welch ein schöner Tag!
Es ist ein anderer Tag, ein ganz besonderer Tag.

Bei jedem Schlag meines Herzens
Möchte ich laut rufen:
Geh behutsam damit um!
Ich muss die Natur schützen und bewahren,
denn sie ist ein Teil von mir!
Berge, Flüsse, Seen – mit all ihrer Schönheit,
mit ihren vielen Tieren.
Die Natur ist mein Zuhause, sie ist mein Zuhause.

Länder und Meere sehe ich
Im Kreislauf des Werdens und Vergehens
miteinander verbunden. Welch ein Geheimnis!
Erfüllt von immer neuen Leben.
Welch ein Geheimnis!
Alles ist dir anvertraut worden!
Menschenkind, für dich ist alles geschaffen!
Die Natur ist mein Zuhause.

(Text aus der Doppel-MC von Genrosso:
Unser Lebensraum, Per la pace")

A
▶ *Stelle deinen Mitschülern Gedichte oder Lieder vor, die sich mit der Natur beschäftigen.*
▶ *Berichte in einem selbst verfassten Gedicht oder einer Geschichte von einem persönlich erlebten oder fiktiven Naturerlebnis.*

Die Rückkehr der Enterprise

Tod auf dem Nil? (April/Mai 2050): Nach jahrzehntelanger Mission in entfernten Galaxien fordert die UN-Vollversammlung die Enterprise zu einem „Heimateinsatz" auf. Die Erde wird von Katastrophen mit ungeahnten Ausmaßen heimgesucht. Die UNO-Mitglieder haben deshalb die Vollversammlung mit Notstandsrechten ausgestattet.

A ▸ *Was gehört eurer Meinung nach ins Reich der Fantasie? Was könnte in naher Zukunft Wirklichkeit werden, wenn die Probleme der Gegenwart nicht gelöst werden?*

Ü ▸ *Gestalte selbst einen Comic, mit dem du die Verletzlichkeit der Natur an einem konkreten Beispiel darstellst.*

[Was geht uns der Regenwald an?

Die tropischen Regenwälder sind nicht nur das vermutlich älteste Ökosystem (Lebensraum) der Erde, sie sind auch das artenreichste. Im Amazonasurwald bei Manaus (Brasilien) wachsen zum Beispiel auf einem einzigen Hektar über 600 verschiedene Arten von Laubbäumen, Palmen und Lianen. Das ist etwa das Hundertfache der Holzpflanzenarten in unseren Breiten. Auf einem Quadratkilometer leben mehr Tierarten als in Deutschland insgesamt.

Trotzdem werden die Regenwälder kontinuierlich abgeholzt. Die Folgen sind: Zerstörung von Ökosystemen, Aussterben von Pflanzen und Tieren, Treibhauseffekt, weltweite Klimaveränderung!

Warum schwindet der Regenwald?
1. Die Armut
Armut und mangelnde Möglichkeiten für den Lebensunterhalt zu sorgen sind Gründe, sich durch den Anbau von Feldfrüchten auf brandgerodeten Flächen zu ernähren. Aufgrund der intensiven landwirtschaftlichen Nutzung werden Nährstoffe und Mineralien jedoch schnell ausgeschwemmt: Der Boden laugt aus und die Erträge gehen zurück. Der Ausweg besteht im so genannten „Wanderfeldbau", einer Ursache für weitere Brandrodungen.

2. Land- und forstwirtschaftliche Großprojekte
Großgrundbesitzer verwandeln riesige Waldflächen durch Brandrodung in Weide- und Ackerflächen. Das Fleisch der Tiere wird aus der Dritten Welt in die Industrieländer ex-

portiert, wo es hauptsächlich als Hackfleisch in den Fastfood-Läden landet.

3. Die Brennholzgewinnung
Da es an anderen Energieträgern mangelt, wird der Urwald gerodet, um Brennholz zu gewinnen.

4. Der Raubbau an Nutzhölzern
Der ausschließlich am Gewinn orientierte Holzeinschlag ist verantwortlich für die Vernichtung von insgesamt fünf Millionen Hektar Tropenwald. Tropenholz ist ein wichtiges Exportgut.

5. Gewinnung und Verarbeitung von Bodenschätzen
Im Amazonasgebiet lagern riesige Eisenerzvorkommen. Um Holzkohle für die Verhüttung zu gewinnen, werden weite Waldgebiete abgebrannt.

6. Staudamm- und Energiegewinnungsprojekte
Für die Umsetzung werden riesige Waldflächen geopfert, mit zum Teil unüberschaubaren Umweltschäden.

(Was geht uns der Regenwald an? In: Bundeszentrale für politische Bildung (Hg.), „Zeitlupe" Nr. 34, Bonn 1997, S. 14 f.)

A

▸ Was müsste getan werden, um den Regenwald vor weiterer Zerstörung zu retten? Diskutiert diese Frage auch im Zusammenhang mit dem Verbraucherverhalten in den Industriestaaten.

▸ Einigt euch auf drei wichtige Vorschläge zur Rettung des Regenwaldes.

Wasser – unser kostbares Nass

Süßwasser steht weltweit nur in Form von „Wassereinzugsgebieten" und nur in einer bestimmten Menge zur Verfügung. Durch Eingriffe des Menschen steht uns immer weniger Süßwasser zur Verfügung.

- Durch Abholzen riesiger Waldgebiete
- Durch massive künstliche Bewässerung – vor allem in der Landwirtschaft – wird viel Wasser vergeudet und zum Teil z. B. mit Chemikalien verschmutzt oder werden Flüsse fast ausgetrocknet.
- In einigen reichen Ländern verbrauchen die Menschen große Mengen Wasser, in anderen herrscht große Wassernot. So verbraucht jeder Mensch am Tag in den USA 382 Liter Wasser, und in den so genannten Entwicklungsländern nur rund 25 Liter.
- Die Versiegelung des Bodens durch Industrie, Städtebau- und Siedlungsbau sowie der Ausbau von Verkehrswegen nimmt immer weiter zu.

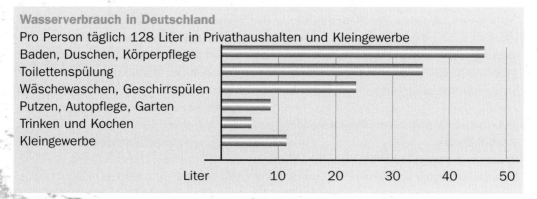

Wasserverbrauch in Deutschland

Pro Person täglich 128 Liter in Privathaushalten und Kleingewerbe

Baden, Duschen, Körperpflege
Toilettenspülung
Wäschewaschen, Geschirrspülen
Putzen, Autopflege, Garten
Trinken und Kochen
Kleingewerbe

Liter   10   20   30   40   50

Chinas trockener Strom

▶ *Überlegt gemeinsam, wie ihr in eurer Schule und anderen Bereichen eures Lebens*
a) *Wasser sparen und es möglichst wenig verunreinigen könnt;*
b) *weitere Dinge, die uns die Erde zur Verfügung stellt, nutzen könnt, aber möglichst wenig nachhaltig schädigt.*
▶ *Trefft dazu Vereinbarungen, schreibt sie auf und kontrolliert sie zweimal im Schuljahr.*

Natur nutzen oder konsumieren?

Das Wort konsumieren kommt aus dem Lateinischen und bedeutet verzehren, aufzehren oder verprassen, vernichten. Die Natur oder das, was sie uns zur Verfügung stellt, zu konsumieren bedeutet: Danach ist davon nichts mehr da. Wer bei Verstand ist, kann so nicht leben wollen. „Nutzen" meint dagegen etwas ganz anderes: Eine Sache oder einen Vorgang sinnvoll einsetzen, etwas gebrauchen, ohne es endgültig zu zerstören.

Viele Generationen vor uns kannten die Menschen diesen Unterschied genau. Weil das für sie von herausragender Bedeutung war, haben sie ihre Erkenntnisse und Überzeugungen in ihrer jeweiligen Religion in heiligen Texten festgehalten.

Und Elohim sprach: Lasset uns Menschen machen, ein Bild, das uns gleich sei. Sie sollen herrschen über die Fische im Meer und die Vögel unter dem Himmel und über das Vieh und über alle Tiere des Feldes und über alles Gewürm, das auf Erden kriecht. Und Elohim schuf den Menschen zu seinem Bilde, zum Bilde Elohim schuf er ihn; schuf sie als Mann und Frau. Und Elohim segnete sie und sprach zu ihnen: Seid fruchtbar und mehret euch und füllet die Erde und machet sie euch untertan und herrschet über die Fische im Meer und über die Vögel unter dem Himmel und über das Vieh und über alles Getier, das auf Erden kriecht.

(Bibel, 1. Buch Mose, Kapitel 1)

Hieronymus Bosch, Das irdische Paradies, um 1500

A ▶ Was bedeutet es heute, wenn man von jemandem sagt, er beherrscht ein Instrument, eine Sprache, eine Technik sehr gut? Übertragt diese Bedeutung auf den Text der Bibel. Schreibt einige Sätze, wie dann die Aufgabe der Menschen heute zu formulieren wäre.

▶ Erkundet, was es für Christen in der Gegenwart bedeutet, nach biblischem Verständnis mit der Natur umzugehen. Stellt einen Vortrag zum Thema „Das christliche Naturverständnis" zusammen.

(Im Koran, in Sure 16, steht folgender Text:)

3 Er hat die Himmel und die Erde in Wahrheit erschaffen. [...] 4 Den Menschen hat Er aus einem Tropfen erschaffen. 3 [...] 5 Auch hat Er die Herdentiere erschaffen. An ihnen habt ihr Wärme und allerlei Nutzen; und ihr könnt davon essen. ... 8 Und erschaffen hat Er die Pferde, die Maultiere und die Esel, damit ihr auf ihnen reitet, und auch euch zur Zierde. [...] 10 Er ist es, der vom Himmel Wasser hat herabkommen lassen. Davon habt ihr etwas zu trinken, und davon wachsen Sträucher, in denen ihr weiden lassen könnt. 11 Er lässt euch dadurch Getreide sprießen, und Ölbäume, Palmen, Weinstöcke, und allerlei Früchte. Darin ist ein Zeichen für Leute, die nachdenken. 12 Und Er hat euch die Nacht und den Tag, die Sonne und den Mond dienstbar gemacht. Auch die Sterne sind durch seinen Befehl dienstbar gemacht worden. Darin sind Zeichen für Leute, die verständig sind. [...] 14 Und Er ist es, der euch das Meer dienstbar gemacht hat, damit ihr frisches Fleisch daraus esst und Schmuck aus ihm herausholt, um ihn anzulegen. Und du siehst die Schiffe es durchspalten, ... auf dass ihr dankbar werdet. 15 Und Er hat auf der Erde festgegründete Berge gelegt, dass sie nicht mit euch schwanken, und Flüsse und Wege [...] und Wegzeichen. Und mit Hilfe der Sterne finden sie die Richtung.

(Der Koran. Arabisch – Deutsch. Übersetzt und kommentiert von Adel Theodor Khoury, Gütersloh 2004)

Gläubiger Moslem beim Gebet in der Wüste

▶ Wer ist mit „ER" gemeint und was hat „ER" alles gemacht?

▶ Sucht fünf Verben heraus, die beschreiben, was die Menschen tun können und sollen.

▶ Diskutiert im Unterricht, was die Sätze bedeuten: „Darin ist ein Zeichen für Leute, die nachdenken,/ verständig sind,/ es bedenken".

4.4 Menschliche Neugier und Kreativität haben Folgen

Das Wort „Kreativität" kommt aus dem Lateinischen und umschreibt die vielfältigen menschlichen Fähigkeiten etwas zu schaffen, zu gestalten und zu erfinden. Solange es Menschen gibt, haben sie diese Fähigkeiten in vielfältiger Weise genutzt und immer weiter entwickelt. Dabei besitzen menschliche Neugier, Kreativität und Erfindungskunst deutlich einen zwiespältigen Charakter. Auf der einen Seite schaffen wir Menschen bewundernswert Schönes und Nützliches. Auf der anderen Seite aber entwickeln wir grauenvolle Produkte zur Zerstörung oder wenden bestimmte Erfindungen zur Vernichtung von Leben und Gegenständen an.

Atomkraftwerk
Biblis

Atombombentest

A ▶ *Erklärt die Zwiespältigkeit menschlicher Kreativität am Beispiel der Atomkraft.*

Ein Blick zurück in die Geschichte

Auch wenn wir heute die meisten Leistungen nicht mehr als etwas Außergewöhnliches betrachten, so waren sie doch zu ihrer Zeit entscheidende, wegweisende Ergebnisse menschlicher Kreativität. So haben durch alle Zeiten hindurch Menschen mit ihrer Neugier und ihren Fähigkeiten Erfindungen gemacht, die uns an den Punkt gebracht haben, an dem wir in der Gegenwart angekommen sind.

Bereiche von Entdeckungen und Erfindungen
• Umgestaltung der Oberfläche und Landwirtschaft unserer Erde
• Veränderung der Tier- und Pflanzenwelt durch Domestizierung und Züchtung
• Gewinnung von Rohstoffen aus der Natur und Herstellung verschiedenster „künstlicher" Stoffe
• Errichtung von Bauwerken
• Erfindung und Bau von immer neuen Geräten, Maschinen und Instrumenten

Erfindungen	a) sinnvoll positive Anwendung b) negative Anwendung

A ▶ *Legt euch eine Liste nach dem obigen Muster an. Sucht mit Hilfe von Büchern, dem Internet und euren Kenntnissen aus dem Geschichtsunterricht für jeden oben genannten Bereich je eine Aktivität oder Erfindung des Menschen für eine sinnvollpositive Anwendung und je eine für eine negative Anwendung.*

Der Magdeburger Dom

Wer heute nach Magdeburg kommt, kann dort einen Dom, eine grandiose Kirche, bewundern. Mit seinem Bau wurde vor rund 800 Jahren angefangen. Noch heute überragt er mit seinen beiden Türmen von 104 Meter Höhe, der Länge von rund 120 Metern und der Breite von fast 40 Metern alle anderen Bauwerke der Stadt weit. Noch eindrucksvoller als die Größe sind aber die in Stein gehauenen, reich verzierten Fassaden und die Figuren, Säulen und Kapitelle im Inneren und vor allem die genau auf einander abgestimmte, symbolische Konstruktion.

Welche Vorstellungskraft und welche Fähigkeiten dazu gehörten, sich diese Konstruktion auszudenken, zu berechnen, zu bauen und dann im Einzelnen zu gestalten, davon könnt ihr euch selbst überzeugen, wenn ihr die folgende Aufgabe bearbeitet.

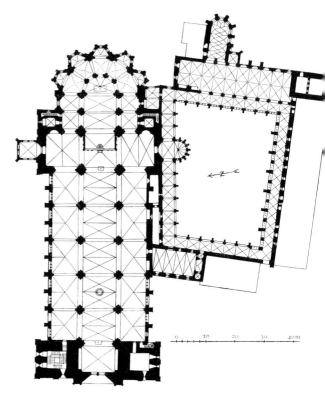

Grundriss des Magdeburger Doms

▷ Schneidet zwei farbige Stücke Karton in ganz genau der Größe aus, wie sie neben dem Grundriss des Domes abgebildet sind. Teilt eines davon ganz exakt und teilt die eine Hälfte noch einmal – immer in Rechtecke. (Ihr habt jetzt vier Stücke Karton).

▷ Probiert jetzt am Grundriss, wo und wie oft ihr das große Stück Karton passend (!) unterbringt. Stellt die Anzahl in der Längs- und Querrichtung fest.

▷ Probiert das Gleiche mit den beiden anderen Kartonstücken.

▷ Dabei könnt ihr entdecken, dass die fünf Felder der beiden Seitenschiffe jeweils drei Viertel ausmachen – also aus der Konstruktion fallen.

▷ Dafür gibt es folgende Erklärung: Der Bau zog sich über Jahre hin. Später wollte man höher bauen als ursprünglich geplant und musste deshalb die Außenwände nach außen versetzen, damit die Konstruktion stabil war. Also hat man genau um ein Viertel vergrößert.

▷ Schlagt mit dem Zirkel einen Kreis um die Außenmauern des Chores. Wo müsst ihr mit dem Zirkel einstechen? Was steht an diesem Punkt?

▷ Beim Zählen (z. B. in der Längs- und Querrichtung) werdet ihr sehr häufig auf die Zahlen 3 und 7 stoßen. Außerdem spielt auch die Vier eine zentrale Rolle (vier kleine Quadrate ergeben ein großes.) Das sind so genannte heilige (symbolische) Zahlen. Erkundigt euch, was sie bedeuten.

Schöne neue Medienwelt

Ganz selbstverständlich wachsen Kinder und Jugendliche heute mit elektronischen Medien wie TV, Handy und PC auf. Man erfährt die Welt durch Nintendo oder Computerspiele, entdeckt 3-D-Welten, die man sonst nicht erfahren kann. Aktuelle Nachrichten werden im Internet gelesen, Musik aus ihm heruntergeladen, Filme über DVD angesehen – die neuen Medien eröffnen uns mehr Möglichkeiten. Wenn man sie aber unsachgemäß benutzt, können auch Gefahren damit verbunden sein.

Multimedia auf dem Vormarsch

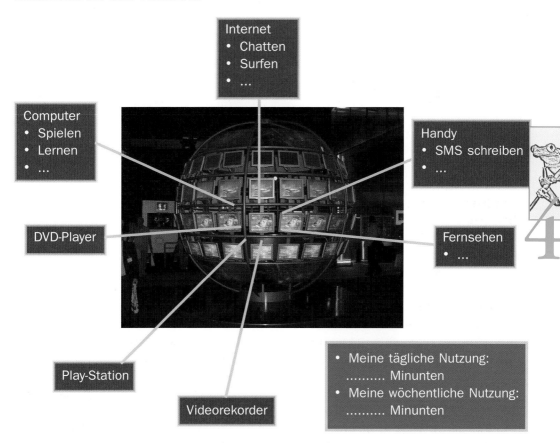

Internet
- Chatten
- Surfen
- ...

Computer
- Spielen
- Lernen
- ...

Handy
- SMS schreiben
- ...

DVD-Player

Fernsehen
- ...

Play-Station

Videorekorder

- Meine tägliche Nutzung:
.... Minunten
- Meine wöchentliche Nutzung:
.... Minunten

Ü ▸ *Bildet Gruppen und übertragt das Schaubild auf einen Bogen Papier. Ergänzt zu jedem Medium, auf welche Weise es genutzt werden kann. Welche Medien werden von euch in der Gruppe am meisten genutzt? Erstellt eine Rangfolge. Wie lange und wozu wird ein bestimmtes Medium von euch im Schnitt täglich/wöchentlich genutzt? Führt ein Medientagebuch und notiert euch täglich/wöchentlich die Zeitdauer, die ihr mit den einzelnen Medien zubringt. Stellt euch gegenseitig eure Plakate vor und diskutiert die Ergebnisse.*

Fernsehen – Freizeitbeschäftigung Nummer 1

Fernsehnutzung im Überblick

Deutschland	Tägliche Sehdauer in Minuten	
	Erwachsene ab 14 Jahren	Kinder 3–13 Jahre
1992	168	93
1995	186	95
1996	195	101
1997	196	95
1998	198	97
2001	203	97

(AGF/GfK Fernsehforschung, Media Perspektiven, http://www.ard.de/ard_intern/-mediendaten/index.phtml?5_1)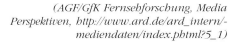

▶ Beschreibt, was die Karikatur ausdrücken will.
▶ Wie viel Stunden verbringt ihr an einem Werktag bzw. am Wochenende vor dem Fernseher?
▶ Beurteilt die Entwicklung der täglichen Sehdauer der 3–13-Jährigen sowie der Jugendlichen und Erwachsenen ab 14 Jahren.

Fernsehen und seine Folgen

(Ein fiktives Gespräch zwischen dem Philosophen Sokrates und seinem Schüler Kriton über einige Folgen des Fernsehens:)

Kriton: Und du glaubst, dass das Fernsehen (…) zur Verbesserung der Welt beitragen kann? Sokrates: Das wäre durchaus denkbar. Allerdings steht dem eines im Wege: Das Fernsehen antwortet nicht auf Fragen, es gleicht einem Menschen, der ununterbrochen redet, ohne auch nur einmal den anderen zuzuhören.

Kriton: Es ist nicht seine Aufgabe zuzuhören, sondern zu informieren. Man geht davon aus, dass es auf der Grundlage der Meldungen, die das Fernsehen überträgt, anschließend zu einer Diskussion zwischen den Zuschauern kommen kann.

Sokrates: Ich habe in Athen nie eine Familie gesehen, die den Fernsehapparat ausgemacht hat, um ein Gespräch zu beginnen. Nein, bester Freund, ich fürchte vielmehr, dass unser Jahrhundert zur Passivität verurteilt ist! Frauen, die ihr Leben schweigend vor dem Fernsehgerät verbringen, Männer, die sich lieber Fußballspiele am Bildschirm anschauen, als selbst Sport zu treiben, junge Leute, die allein vor sich hin tanzen, ohne jemals poetische Worte ins Ohr zu flüstern! Ich sage dir, o Kriton, das Wort ist das wahre Geschenk Gottes, der Dialog die einzige Möglichkeit, einen Streit zwischen Feinden beizulegen. Gepriesen seien die, die reden, selbst wenn sie zuviel reden.

(Luciano De Crescenco: oi dialogoi. Von der Kunst, miteinander zu reden. Aus dem Italienischen von Jürgen Bauer, Diogenes, Zürich 1987, S. 207 ff.)

Meinungen zum Fernsehen

- Durch Fernsehen kann man viel lernen und erleben. Der Fernseher bringt die weite Welt ins eigene Haus.
- Fernsehen fördert die Fantasie.
- Fernsehen macht nervös und aggressiv.
- Wenn Kinder viel fernsehen, können sie mit sich selber weniger anfangen und haben weniger Spielideen. Sie werden bequem und „faul".
- Alles kommt auf den richtigen Umgang mit dem Fernseher an, das heißt, es geht darum, gezielt fernzusehen, aber auch darum, gezielt auszuschalten.
- Wer viel fernsieht, ist in der Schule schlechter als die, die nicht oder wenig fernsehen.
- Fernsehen entspannt und unterhält.
- Noch nie gab es so viele Kinder, die sich – angeregt durch das Fernsehen – für die Umwelt und andere Hilfsaktionen engagieren.
- Fernsehen macht einsam. Man hat keine Zeit mehr, Freundschaften zu pflegen.
- Kinder, die täglich mehr als drei Stunden vor dem Fernseher verbringen, bewegen sich deutlich weniger. Sie sind häufiger alleine und auch öfter unzufrieden und schlechter Laune.
- Kinder sollten mehr fernsehen, weil sie sonst echte Wissenslücken haben.

(Freizeit vor dem Bildschirm. In: Wochenschau Nr. 3/2002, S. 114 f.) Q]

Ü

> *Führt dazu eine Pro-und-Kontra-Diskussion zum Thema „Ist Fernsehen eine sinnvolle Freizeitbeschäftigung?" durch, indem ihr abstimmt, wer dafür und wer dagegen ist. Bildet zwei Gruppen und sammelt im Internet, in Zeitungen und Zeitschriften dazu Informationen und entwickelt Argumente. Die Texte „Fernsehen und seine Folgen" sowie „Meinungen zum Fernsehen" stehen gleichfalls zur Verfügung. Legt innerhalb der Gruppen fest, wer in der Diskussion welche Rolle spielt: Experten, Pro- bzw. Kontra-Anwalt. Je eine Gruppe bereitet die Strategie des Pro-Anwaltes bzw. die des Kontra-Anwaltes vor. Nach der Diskussion stimmt ihr erneut ab und besprecht die Gründe für das Beibehalten oder aber Ändern der Meinung.*

Eine Diskussion: Computer machen blöd im Kopf!

Computer find ich blöd. Und all die, die davor sitzen werden auch blöd, falls sie es noch nicht sind. Die verlieren doch durch die Computerei ihre letzten Freunde. Lesen und mit anderen spielen ist intelligenter.

(Michael Ott, 12 Jahre)

Die Meinung kann ich nicht teilen. Es gibt heute fast keinen Beruf, wo nicht Computer eingesetzt sind: Vom Arzt bis zum computergesteuerten Schweißer in der Autofabrik, vom Pilot bis zur Sekretärin, von der Einsatzzentrale der Polizei, der Feuerwehr, des Roten Kreuzes, der Seenotkreuzer, der Bergrettung bis zur Weltraumfahrt. Die Leute, die vor Computern sitzen, sind und werden nicht blöd. Im Gegenteil.

(Mathias Reifer, 16 Jahre)

Du hast schon Recht. Ich habe eine Freundin (gehabt?) und die sitzt wirklich jeden Tag vor dem Computer. Wenn ich sie einmal zum Schwimmen überreden kann, nimmt sie ihren Game Boy mit und spielt dort die ganze Zeit.

(Olga Ruppert, 13 Jahre)

Mein Bruder hatte mal einen Computer. Er hat von mittags bis abends damit gespielt. Er war davon süchtig und aggressiv geworden. Meinen Eltern wurde das zu bunt. Sie haben ihn nach Absprache verkauft. Seitdem ist mein Bruder wieder normal.

(Nina Struch, 11 Jahre)

Also, wenn du dich als blöd bezeichnest, finde ich das o. K. Ich habe einen Computer, bin aber nicht blöd. Ich bin der Beste aus meiner Klasse und habe jede Menge Freunde. Viele deiner Bücher könnten gar nicht gedruckt werden, gäbe es keinen Computer.

(Volker Seyring, 13 Jahre)

(„Treff–Diskusssion: In: TREFF Schülermagazin 1992, S. 4)

A ▸ *Diskutiert über die Ansichten der Computer-Befürworter und der Computer-Gegner. Welche Ansichten werden in eurer Klasse dazu vertreten?*

Die Welt,
in der **wir** leben

5

5.1 Sich ein Bild von der Welt weben

Juri Gagarin, der als erster Mensch im Jahre 1961 mit dem Raumschiff „Wostok" ins Weltall flog, beschrieb das Bild, das sich ihm aus dieser Perspektive bot, mit folgenden Worten:

> **Erster Blick auf die Erde**
>
> Durch das Bullauge des Raumschiffes sah die Erde ungefähr ebenso aus, wie bei einem Flug im Düsenflugzeug in großen Höhen. Die Bergketten hoben sich deutlich ab, auch große Flüsse und Waldgebiete und die Küsten der Meere. Ich sah deutlich die Wolken und ihre leichten Schatten an der Oberfläche der Erde. Wenn ich auf den Horizont schaute, sah ich deutlich die Krümmung, was sehr ungewöhnlich war. Die Erde war von einem zartblauen Licht eingehüllt, das allmählich dunkler wurde, dann türkisfarben, blau, violett und schließlich in eine kohlschwarze Färbung überging.
>
> *(Juri Gagarin: Ich war der erste Mensch im Weltall, Wilhelm Goldmann, München 1970, S. 9)* Q

Die Welt wahrnehmen und erkennen

Die wenigsten Menschen sehen unsere Welt aus dieser Entfernung und Perspektive. Die wenigsten können sie sozusagen mit „einem Blick" erfassen.

Mit den Sinnen wahrnehmen
Die ersten Bilder von der Welt gewinnen die Menschen über die Sinnesorgane, indem sie Eindrücke aus ihrer Umgebung aufnehmen. Der englische Philosoph John Locke hat dieses Gewahrwerden in zwei große Gruppen eingeteilt.

äußere Wahrnehmung	*innere Wahrnehmung*
das, was in deiner Umwelt geschieht	das, was in dir selbst vor sich geht
• Gegenstände, z. B. Fahrrad	• Gefühle, z. B. Freude
• Menschen, z. B. Freunde	• Erlebnisse, z. B. Erröten
• Naturerscheinungen, z. B. Regenbogen	• ?
• ?	

A ▶ *Schreibe weitere Beispiele für eine äußere und innere Wahrnehmung auf.*
   ▶ *Der Philosoph Epikur schrieb, die Menschen sollten Lust haben, ihre Sinne zu gebrauchen. Sprich darüber, was er damit meint.*

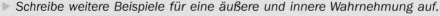

Ü

> Beschreibe die Eindrücke, welche du gewinnst, wenn du
- barfuß an einem Sommertag durch den Sand läufst
- in einer Großstadt an einer belebten Kreuzung stehst
- mit der Hand einen Hund streichelst
- in eine Zitrone beißt
- an einer Bäckerei vorübergehst

Welche Sinne sind in der jeweiligen Situation aktiv?
Welche der nachfolgend aufgezählten Eigenschaften kannst du nicht allein durch Sinneseindrücke erfahren?
Hell | hart | kalt | nett | endlos | rund | weitspannend | teuer | bitter | artig | musikalisch | richtig | gesund | jung | mutig | vernünftig | logisch | rechtens | kuschelig | böse | gerecht

Können uns die Sinne täuschen?

Wahrnehmen und urteilen

Wahrnehmen ist empfinden; vergleichen ist urteilen; urteilen und empfinden ist nicht das Gleiche: Durch die Empfindung bieten sich mir die Gegenstände getrennt, isoliert, so wie es in der Natur ist; durch den Vergleich setze ich sie in Bewegung, rücke ich sie sozusagen vom Platz, lege die einen über die anderen, um über ihre Unterschiedlichkeit oder ihre Gleichartigkeit und, ganz allgemein, über alle ihre Beziehungen untereinander zu entscheiden.

(Jean-Jaques Rousseau. In: Emilie oder über die Erziehung, Reclam Verlag, Stuttgart 1993, S. 553 f.)

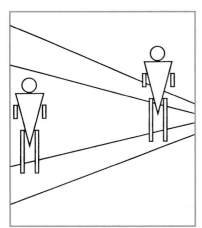

Welche Figur ist größer?

Siehst du eine alte oder eine junge Frau?

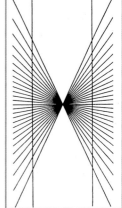

Gerade oder gebogene Senkrechte?

A

> Versuche die Wahrheit deiner Wahrnehmung zu überprüfen. Was stellst du fest?
> Formuliere mit eigenen Worten den Unterschied zwischen wahrnehmen und urteilen. Hast du jetzt eine Lösung, ob du die geometrischen Figuren richtig wahrgenommen hast?

Begriffe als Mittel der Verständigung

Um die eigenen Eindrücke anderen Menschen nahe zu bringen, um die Vielzahl der Eindrücke miteinander zu verknüpfen, um Beziehungen zwischen ihnen feststellen zu können (etwa: was härter oder größer ist als ein Baum), reichen die Sinnesorgane allein nicht aus. Es ist notwendig, dass die Dinge eindeutig bezeichnet werden.

Jeder weiß, wie viele Schwierigkeiten das Verstehen bereitet, wenn vom „Dingsbums" die Rede ist. Ein kalmückisches Märchen erzählt davon:

Plumps ist da

An einem Frühlingstag kam ein Hase zu einer Quelle. Die Wiese war saftig und er richtete sich unter einem Apfelbaum ein. Der Sommer verging. Dem Hasen ging es gut. Da er genug Gras auf der Erde fand, schaute er niemals nach oben. Im Herbst, der Hase döste gerade neben der Quelle vor sich hin, da löste sich ein reifer Apfel und fiel ins Wasser.

Der Hase fuhr entsetzt und voller Angst auf und rannte davon. Er traf unterwegs auf eine Hasenfamilie:

„Wohin?", fragte diese ängstlich besorgt.

„Der Plumps ist da!", antwortete der Hase im Lauf.

Vorsichtshalber schloss sich die Hasenfamilie der Flucht an.

Ein Fuchs begegnete ihnen.

„Schnell, lauf, der Plumps ist da!"

Einen Plumps kannte der Fuchs nicht. Er mochte gefährlich sein. Also war es besser, wegzulaufen.

Es dauerte nicht lange, da rannte der ganze Wald: Rehe, Mäuse, Bären, der Wolf … Endlich vertrat ihnen ein Leopard den Weg: „Wohin?"

„Der Plumps", dröhnte es ihm entgegen.

Jedoch der Leopard wich nicht zur Seite. Er packte den Hasen bei den Ohren und ließ sich zur Quelle führen. Hier warteten die Tiere allesamt angespannt auf das Erscheinen jenes unbekannten Tieres mit dem Namen „Plumps". Endlich löste sich erneut ein reifer Apfel und plumpste ins Wasser.

Wieder wollte der Hase losrennen, doch der Leopard hielt ihn fest.

„Das ist der Plumps!?!"

Der Hase nickte eifrig. Die anderen Tiere aber lachten ihn aus.

(In: Wie Mäuslein Spitzschwanz in die Ferne segelte, Kinderbuchverlag, Berlin 1989, S. 30 ff.) Q

A ▶ *Erzählt von selbst erlebten Beispielen, wo eine ungenaue oder eine mehrdeutige Bezeichnung Missverständnisse auslöste.*

Ein kleines Kind hat anfangs nur wenige Worte zur Verfügung, um die Dinge seiner Umgebung zu bezeichnen. Beispielsweise steht das Wort „Auto" bei einem kleinen Kind für alle Fahrzeuge mit vier Rädern: Truck, Bus, Cabrio, Limousine oder Krankentransporter. Erst mit der Zeit, wenn der verfügbare Wortschatz sich vergrößert hat, gelingt es, die Dinge im Umfeld genauer zu bezeichnen.

Unsere Sprache

Das wichtigste Merkmal der menschlichen Sprache besteht nicht darin, dass man seine Gefühle ausdrücken kann. Angst, Zorn, Freude und andere Seelenregungen können sich nämlich auch durch Gesten und Haltungen ausdrücken, wie sie jedem Tier zu Gebote stehen. Das Wesensmerkmal der Sprache ist vielmehr, unsere Eindrücke von äußeren Dingen mit Anderen zu teilen. Zuweilen sagt man, dass eine Grimasse oder ein Schulterzucken ausdrucksstärker sein können als jede in Worten ausgedrückte Botschaft. Vielleicht drücken sie besser aus, was in unserem Inneren passiert, aber sie teilen niemals besser mit, was es in der Außenwelt gibt. Vorrangige Aufgabe der Sprache ist es nicht, der Welt meine Gefühle zu offenbaren, sondern mir zu helfen, die Welt zu verstehen und an ihr teilzuhaben.

(Fernando Savater: Die Fragen des Lebens, Campus, Frankfurt a. M/ New York 2000, S. 105 f.)

A ▶ *Welche Aufgabe kommt der Sprache bei der Wahrnehmung der Welt nach Savater zu?*

Geheimschriften

Geheimschriften haben die Menschen schon immer fasziniert. Es gibt sehr viele unterschiedliche Methoden, Botschaften so zu verwandeln, dass nur diejenigen sie verstehen, die sie auch verstehen sollen.

Vorsicht, Polizei

Verkleidung

Unschulds-beteuerung

Verhör

Henker

Verhaftung

Flucht

Schmerzen

Geistlicher

Tod

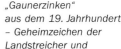
„Gaunerzinken" aus dem 19. Jahrhundert – Geheimzeichen der Landstreicher und Gauner

A ▶ *In welchen Bereichen unseres Lebens könnte das „Chiffrieren" von Botschaften wichtig sein?*

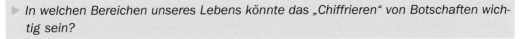

Ü ▶ *Entwickle selbst eine Geheimsprache und schreibe in dieser Sprache eine kurze Botschaft. Lest euch eure Geheimbotschaften gegenseitig vor! Was stellt ihr fest?*
▶ *Erarbeitet anschließend gemeinsam, wie eine solche Geheimsprache funktioniert.*
▶ *Verständigt euch darüber, ob eine Geheimsprache die gleichen Aufgaben zu erfüllen hat wie die von Savater formulierten.*

Begriffs-Bildung

Unsere Vorstellungen über die Welt verfeinern sich in dem Maße, wie wir unsere Eindrücke sprachlich genau mitteilen können. Ein Beispiel soll das verdeutlichen: Vorschulkinder unterscheiden Farben zunächst nur grob in: Rot, Grün oder Blau. Erst später lernen sie, die einzelnen Farben in sich noch genauer abzustufen.

 A
▸ *Versucht zunächst die abgebildeten Farben nur durch den Begriff „Rot" zu beschreiben. Ordnet dazu dem jeweiligen Rot Eigenschaften zu. Welche Schwierigkeiten traten dabei auf?*
▸ *Bezeichnet dann die unterschiedlichen Rotnuancen mit möglichst genauen Farbnamen. Was stellt ihr fest?*

Je genauer unsere Bezeichnungen der Dinge sind, umso besser können wir uns mit anderen über diese Dinge verständigen. Jeder weiß, wovon die Rede ist, wenn beispielsweise über einen Tisch gesprochen wird. Ein beliebiger Tisch wird als solcher erkannt, unabhängig davon, ob er nur ein Bein oder vier Beine besitzt. Man kann sich einen Tisch vorstellen, selbst wenn er nicht da ist.

Ü
▸ *Zeichne aus dem Gedächtnis den Tisch, der in eurem Wohnzimmer steht!*
▸ *Vergleicht eure Bilder miteinander! Worin unterscheiden sich die Tische? Was ist ihnen allen gemeinsam?*

Ein Tisch ist ein Tisch

Ich will von einem alten Mann erzählen, der sich eines Tages fragte:

„Weshalb heißt das Bett nicht Bild?" Der Mann beschloss, dass sich alles ändern müsse.

Er sagte von nun an zum Bett „Bild". „Ich bin müde, ich will ins Bild", sagte er, und morgens blieb er oft lange im Bild liegen und überlegte, wie er nun den Stuhl nennen wolle, und er nannte den Stuhl „Wecker". Er stand also auf, zog sich an, setzte sich auf den Wecker und stützte die Arme auf den Tisch. Aber der Tisch hieß jetzt nicht mehr Tisch, er hieß jetzt Teppich. Am Morgen verließ also der Mann das Bild, zog sich an, setzte sich an den Teppich auf den Wecker und überlegte, was er wie sagen könnte.

Dem Bett sagte er Bild.

Dem Tisch sagte er Teppich.

Dem Stuhl sagte er Wecker.

Der Zeitung sagte er Bett.

Dem Spiegel sagte er Stuhl.

Dem Wecker sagte er Fotoalbum.

Dem Schrank sagte er Zeitung.

Dem Teppich sagte er Schrank.

Dem Bild sagte er Tisch.

Und dem Fotoalbum sagte er Spiegel.

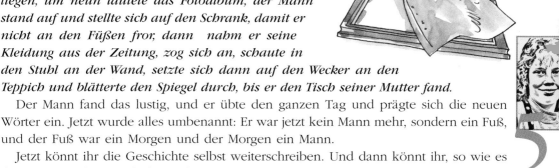

Also:Am Morgen blieb der alte Mann länger im Bild liegen, um neun läutete das Fotoalbum, der Mann stand auf und stellte sich auf den Schrank, damit er nicht an den Füßen fror, dann nahm er seine Kleidung aus der Zeitung, zog sich an, schaute in den Stuhl an der Wand, setzte sich dann auf den Wecker an den Teppich und blätterte den Spiegel durch, bis er den Tisch seiner Mutter fand.

Der Mann fand das lustig, und er übte den ganzen Tag und prägte sich die neuen Wörter ein. Jetzt wurde alles umbenannt: Er war jetzt kein Mann mehr, sondern ein Fuß, und der Fuß war ein Morgen und der Morgen ein Mann.

Jetzt könnt ihr die Geschichte selbst weiterschreiben. Und dann könnt ihr, so wie es der Mann machte, auch die anderen Wörter austauschen:

Läuten heißt stellen,

frieren heißt schauen,

liegen heißt läuten,

stehen heißt frieren,

stellen heißt blättern.

(Peter Bichsel: Ein Tisch ist ein Tisch. In: ders.: Kindergeschichten. Hermann Luchterhand Verlag, 16. Aufl., Darmstadt 1983)

A
> *Schreibt den Schluss der Geschichte in euer Heft und tauscht dabei die neu dazu-gekommenen Wörter. Schreibt so: Am Mann blieb der alte Fuß …*
> *Überlegt, wie sich das Leben des Mannes jetzt verändern wird. Sprecht darüber in der Klasse.*
> *Können wir einfach festlegen, was Wörter bedeuten sollen? Was meint ihr?*

Mit Hilfe von Begriffen kann man sich also Vorstellungen von Dingen machen. Sogar Dinge, die es gar nicht oder nicht mehr gibt, können durch Begriffe vorgestellt werden: Fliegende Untertassen, Osterhasen, Saurier ...

Es gibt jedoch Menschen, die behaupten von sich, dass sie nur das glauben, was sie selbst sehen können.

▶ Was aber sieht man, wenn man in ein Glas Leitungswasser einen dünnen Stab, etwa einen Trinkhalm, steckt und das Licht darauf fallen lässt?

▶ Mach zu Hause den Versuch mit dem Trinkhalm im Wasserglas! Notiere, was du siehst!

▶ Sprecht in der Stunde darüber, wie der Eindruck, der sich ergab, zu Stande kommt.

Der spanische Philosoph José Ortega y Gasset verweist auf die Begrenztheit eines Herangehens, das nur dem unmittelbaren Eindruck vertraut.

Der Wald

Wie viel Bäume ergeben einen Wald? Wie viel Häuser eine Stadt? Der Bauer von Poitiers sang: „Die Höhe der Häuser verhindert den Blick auf die Stadt." Und eine deutsche Redensart behauptet, man sehe den Wald vor lauter Bäumen nicht. Zum Wesen des Waldes wie der Stadt gehört die Dimension der Tiefe.

Zur Zeit sehe ich mich von etwa zwei Dutzend gravitätischer Eichen und liebenswürdiger Eschen umstanden. Ist das ein Wald? Sicherlich nicht; das sind nur die paar Bäume von ihm, die ich gerade sehe. Der eigentliche Wald besteht aus den Bäumen, die ich nicht sehe. Der Wald ist unsichtbarer Natur, [...] er entzieht sich dem Auge.

(José Ortega y Gasset : Meditationen über Don Quichote. In: ders.: Ästhetik in der Straßenbahn, Volk und Welt, Berlin 1987, S. 6)

▶ Erläutere mit eigenen Worten, warum man den Wald vor lauter Bäumen nicht sehen kann.

▶ Zähle andere Dinge auf, die existieren und die man trotzdem nicht mit eigenen Augen sehen kann.

Bilder von der Welt und ihrer Entstehung

Ebenso wie die Menschen bestrebt sind, sich von den Dingen, die sie umgeben, ein Bild zu machen, das sie mit anderen Menschen teilen können, streben sie danach, sich ein Bild vom Weltganzen zu machen.

Ein Moment eines jeden Weltbildes sind die darin enthaltenen Vorstellungen davon, wie die Welt entstanden ist. Es gibt verschiedene Versionen davon: Mythische, philosophische, religiöse und naturwissenschaftliche Entwürfe.

Zu den ältesten Vorstellungen über die Entstehung der Welt gehören Mythen. Bereits das Wort „Mythos" erscheint irgendwie geheimnisvoll. Es kommt aus dem Griechischen und bedeutet soviel wie „das mündlich Überlieferte".

Mythen sind also mündlich weitergegebene Geschichten, in denen unsere Vorfahren ihre Vorstellungen über Götter, Fabelwesen oder die Entstehung der Welt darlegten. Ein Mythos, der sowohl bei den Azteken in Südamerika, bei den Chinesen, bei den Dogon in Afrika und bei den Wikingern erzählt wurde, ist der vom Kosmischen Ei.

Schöpfungssymbol der Hindus
Vom ersten Hindu-Gott Brahma heißt es in manchen
Geschichten, er sei aus einem goldenen Ei geboren, das
auf den Wassern der Urzeit schwamm.

Das Kosmische Ei

Vor der Erschaffung des Universums verharrten die ersten Gottheiten unbeweglich und warteten auf den Augenblick, in welchem sie mit ihrer Schöpfungsarbeit beginnen konnten. Die Götter waren in einem riesigen kosmischen Ei eingeschlossen. Irgendwann brach dieses Ei auf. Aus der einen Hälfte des Eies entstand der Himmel, aus der anderen die Erde. Jetzt, wo Himmel und Erde voneinander geschieden waren, konnten die Götter darangehen, den Himmel und die Erde nach ihren Regeln zu gestalten.

(Philip Wilkinson/Neil Philip: Mythen und Sagen in der Bilderwelt der Völker, Belser Verlag, Stuttgart 1999, S. 8 f.)

In der Bibel, im Buch Genesis, findet sich die Schöpfungsgeschichte, nach welcher Gott die Welt in sieben Tagen erschuf.

Die Erschaffung der Welt durch Gott

1. Tag: Aus der Finsternis heraus, welche über der Urflut lag, schied Gott Finsternis und Licht voneinander. Die Finsternis nannte er Nacht und das Licht Tag.

2. Tag: Gott schuf aus dem Wasser heraus das Himmelsgewölbe.

3. Tag: An diesem Tage schied Gott Wasser und Land und ließ auf dem Land Pflanzen und Bäume aller Art wachsen.

4. Tag: Am Himmelgewölbe platzierte Gott Lichter, welche zur Bestimmung der Jahreszeiten und Festtage dienen und über die Erde hin leuchten sollten. Er schuf Sonne, Mond und Sterne.

5. Tag: Er schuf die Fische, welche im Wasser leben, die Vögel, die unter dem Himmel fliegen sollten und segnete sie.

6. Tag: Er schuf die Tiere, welche auf dem Land leben sollten.

Dann erst schuf er, seinem Abbilde gleichend, die Menschen. Er schuf sie als Mann und Frau und übergab ihnen die Herrschaft über die Pflanzen und Tiere und forderte sie auf, sich zu mehren, die Erde zu bevölkern und sich die Erde untertan zu machen.

7. Tag: Am siebten Tage besah Gott sich sein Werk, er vollendete es und ruhte sich nach Vollendung seiner Schöpfung aus. Er heiligte diesen Tag als Ruhetag nach vollbrachter Mühe.

(Bibel, AT, Buch Genesis, Verlag Katholisches Bibelwerk GmbH; Stuttgart 1997, S. 17)

In den Naturwissenschaften gibt es eine ganze Reihe von Theorien über die Entstehung der Welt.

Lebensuhr der Erde

Die Entstehung der Erde und ihr Vergehen sind untrennbar mit der Sonne, unserem Zentralgestirn, verknüpft. Stellt man die Entstehung der Erde in einem Zeitmodell dar, welches die Gesamtlebensdauer der Erde auf die 24 Stunden eines Erdentags bezieht, dann ergibt sich folgender Ablauf:

Uhrzeit:

0.00 Beginn des Formierungsprozesses der Erde aus solarer Urmaterie

1.15 Erwärmung des kalten Planeten

4.30 Erkalten der Erdoberfläche, starke Gewitter und Regenfälle

6.30 Bildung von Sauerstoff in der Erdatmosphäre

10.30 Wirbellose Tiere bilden sich heraus

10.50 erste Landpflanzen und Amphibien entstehen

11.00 Steinkohlenwälder bedecken die Erdoberfläche

11.30 erste Vögel und Saurier zu Lande, im Wasser und in der Luft

11.59 und 43 Sek. Die tierischen Ahnen des Menschen erwerben den aufrechten Gang

11.49 und 45 Sek. Der Mensch tritt aus dem Tierreich

Es bleiben folglich noch einmal 12 Stunden, das menschliche Leben auf der Erde zu gestalten.

(Herbert Hörz: Philosophie der Zeit, Deutscher Verlag der Wissenschaften, Berlin 1989,
S. 95 f.) **Q**

 A ▶ *Male ein Bild oder schreibe auf, wie du dir die Entstehung der Welt denkst.*
  ▶ *Diskutiert darüber, ob und warum bzw. warum nicht Vorstellungen von der Entstehung der Welt wichtig sind.*

Die Menschen entwickeln nicht nur Vorstellungen davon, wie die Welt entstand. Sie ergänzten diese durch weitere Vorstellungen, die in ihrer Gesamtheit ein Weltbild bilden.

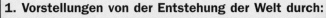

1. Vorstellungen von der Entstehung der Welt durch:
- ein Schöpfungswesen etwa: Gott, Gaja
- ein Schöpfungsprinzip: Apeiron
- einen Naturprozess: Urknall, Evolution

2. Vorstellungen von den Ordnungsprinzipien, was hängt wie zusammen:
- Gott hält alle Fäden in der Hand
- Naturgesetze bestimmen den Zusammenhang
- Zufälle bestimmten die vorhandene „Ordnung"
- Der Mensch ordnet das Leben auf der Erde gemäß seinen Bedürfnissen
- Es herrscht Chaos

3. Vorstellungen über den Platz des Menschen auf der Welt
- Gott weist allen Lebewesen und Dingen einen Platz zu
- Der Mensch als Schöpfer seiner selbst erobert sich seinen Platz und ordnet sich alles unter

Das Ptolemäische Weltbild

Bekannt ist das von Claudius Ptolemäus (um 100–160) begründete geozentrische Weltbild, welches über das gesamte Mittelalter hinweg unumschränkte Geltung besaß.

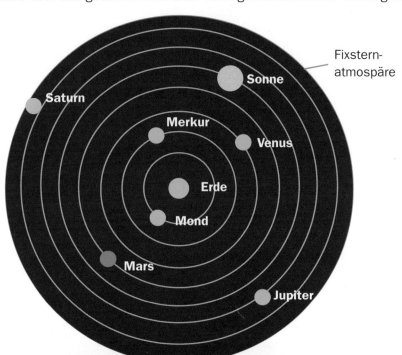

Fixstern-atmospäre

Sonne

Saturn

Merkur

Venus

Erde

Mond

Mars

Jupiter

[*Weltbild und Menschenbild*

Genau wie in den Vorstellungen des Ptolemäus alle Gestirne um die Sonne kreisten, kreise im Weltbild des mittelalterlichen Menschen alles Leben um Gott, der den Gestirnen ihren unverrückbaren Platz im Kosmos und den Menschen ihren Platz im Gesellschaftsgefüge zuwies. Oben und Unten, Armut und Reichtum, Unterdrückung und Freiheit, alles war von Gott vorherbestimmt. Erst nach dem Tode winkte dem Menschen die Erlösung aus diesen Zwängen.

　Mit der Neuzeit setzte sich ein neues Weltbild durch, das Kopernikanische, welches die Sonne als unser Zentralgestirn identifizierte. Parallel dazu entwickelte sich, gekoppelt an die ungeheuren Fortschritte der Naturwissenschaften in jener Zeit, ein neues Menschenbild, das bis heute unser Denken und Handeln beherrscht. Der Mensch gilt seither als Schöpfer seiner selbst, der aktiv in die Lebenszusammenhänge auf der Erde eingreift.

(Nach: Aaron J. Gurjewitsch: Das Weltbild des mittelalterlichen Menschen, C. H. Beck, München 1997, S. 14 ff.) **Q**]

A ▶ Welche Konsequenzen ergeben sich für das Leben der Menschen und ihre Handlungen

　　a) aus dem Weltbild des Mittelalters und

　　b) aus dem der Neuzeit?

Ü ▶ Stell dir vor, aus dem Inneren der Erde kriechen Aliens an die Erdoberfläche. Sie wissen nicht, wo sie sich befinden und haben noch nichts von der Welt gesehen.

▶ Beschreibe ihnen die Welt unserer Tage so, dass sie sich ein erstes Bild davon machen können.

Ich in meiner Welt

Alle Menschen leben auf einer Welt zusammen. Doch zunächst leben die einzelnen Menschen in kleinen, überschaubaren Zusammenhängen, in der „kleinen Welt" ihrer Familie, ihres Wohnortes, die ein Bestandteil der „großen Welt" ist.

Meine Welt

das Universum — Gibt es andere bewohnbare Planeten mit menschenähnlichen Wesen?

unser Sonnensystem — Unser Planet im Sonnensystem

Die Erde – unser Planet — Entstehung und Bewahrung der Erde als Lebensraum

Mein Land, meine Nation, mein(e) Kulturkreis(e) — Geschichte und Traditionen, Sitten und Bräuche, gesellschaftliche Strukturen

Meine Stadt, mein Dorf, Mitmenschen — Mein Viertel, die Nachbarn, das Ansehen meiner Familie, Besitzverhältnisse, Kompetenzen

Familie, Freunde — Mein Platz in Familie und Freundeskreis, das Zusammenspiel mit anderen, Unterstützung, Geborgenheit

ICH — Wie sehe und erlebe ich mich? Wie möchte ich sein?

(Nach Fernando Savater: Die Fragen des Lebens, Campus, Frankfurt a. M., New York 2000, S. 113f.) **Q**

A
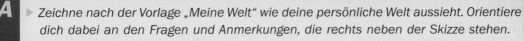
▸ *Zeichne nach der Vorlage „Meine Welt" wie deine persönliche Welt aussieht. Orientiere dich dabei an den Fragen und Anmerkungen, die rechts neben der Skizze stehen.*
▸ *Welche Personen, Orte und Traditionen umfasst deine „kleine Welt"?*

5.2   In seiner Kultur leben

Feste gehören einfach dazu

Jeder Mensch lebt in seiner Kultur. Zu dieser gehören charakteristische Symbole, Feste und Traditionen. Vor allem Feste verkörpern Höhepunkte. Sie dienen unter anderem dazu, sich seiner eigenen kulturellen Herkunft zu vergewissern. Fest- und Feiertage heben sich wie Leuchttürme weithin sichtbar aus dem Alltag heraus. Sie erzeugen Freude und Vorfreude, denn sie sind etwas Besonderes. Nicht selten trifft an diesen Tagen die ganze Familie zusammen, oder es stellen sich Gäste ein. Man trägt Festtagskleidung. Es gibt ein Festessen und manchmal beschenkt man sich gegenseitig.

 ▶ *Zeichne auf einem querformatigen Blatt einen dicken Zeitstrahl, der die 365 Tage eines Kalenderjahres symbolisiert. Der erste Punkt des Strahls ist der 1. Januar, der letzte der 31. Dezember.*

A) *Kennzeichne auf dem Strahl zunächst mit unterschiedlichen Farben die Jahreszeiten.*

B) *Trage dann auf dem Strahl alle dir bekannten Feiertage ein, die in deinem Kulturkreis begangen werden und notiere ihre Namen und wenn möglich das genaue Datum, wann dieser Feiertag begangen wird.*

C) *Malt, wenn möglich zu den Feiertagen charakteristische Gegenstände und Symbole, die den jeweiligen Feiertag charakterisieren.*

D) *Vergleicht anschließend die Ergebnisse eurer Arbeit miteinander, ergänzt und vervollständigt die Angaben auf euerem Strahl gegebenenfalls.*

F) *Sprecht darüber, was an den einzelnen Feiertagen gefeiert wird.*

F) *Tauscht euch mit eueren Mitschülerinnen und Mitschülern, die in anderen Kulturen zu Hause sind, darüber aus,*
welche Feiertage sie im Jahresablauf begehen | wie diese Feiertage heißen | was an diesen Tagen gefeiert wird | ob und inwiefern sie Feiertagen unseres Kulturkreises entsprechen oder ähneln.

 ▶ *Welches Fest aus dem Jahresreigen der Feste deiner Kultur magst du am liebsten? Was macht den besonderen Reiz dieses Festes für dich aus?*

Freunde

Said ist Muslim, David ist Jude und Lisa ist Christin. Sie gehen mit Marie und Leon in Berlin in eine Klasse. Die Freunde sprechen oft über die verschiedenen Religionen und ihre Feste.

Christliche Feste im Jahreslauf

Marie und Leon besuchen Pfarrer Gerbers. Sie sprechen mit ihm in Vorbereitung einer Unterrichtsstunde über christliche Feste.

Marie: Was ist eigentlich das Kirchenjahr?

Pfarrer Gerbers: Als Kirchenjahr bezeichnet man die Abfolge der christlichen Feste im Laufe eines Jahres.

Leon: Also vom 1. Januar bis zum 31. Dezember?

Pfarrer Gerbers: Nein, das Kirchenjahr beginnt mit dem ersten Advent und endet mit dem Ewigkeitssonntag. Es richtet sich nach dem Wochenschema. Der Sonntag ist der erste Tag der Woche. Dieser Tag ist für die Christen ein Feiertag, weil Jesus am ersten Tag der Woche auferstanden ist.

Leon: Hat das Kirchenjahr auch Monate?

Pfarrer Gerbers: Nein. Das Kirchenjahr wird durch mehrere Festkreise unterteilt. Wir kennen den Weihnachtsfestkreis und den Osterfestkreis, es gibt aber auch einen Pfingstfestkreis.

Leon: Welche Bedeutung haben diese Feste für Christen?

Pfarrer Gerbers: Zu Weihnachten feiern wir die Geburt von Jesus Christus. Am Ostersonntag feiern wir die Auferstehung von Jesus Christus. Zu Pfingsten feiern wir die Ausgießung des Heiligen Geistes, denn nach der Apostelgeschichte wurden die Jünger von Jesus an diesem Tag mit dem Heiligen Geist erfüllt.

Marie: Am Abend des Ostersamstag wird bei uns vor der Kirche ein großes Osterfeuer angezündet. Der Pfarrer kommt dann mit einer Kerze, zündet sie am Feuer an und trägt sie vorsichtig in die dunkle Kirche. Jeder hat eine eigene Kerze mitgebracht und zündet sie an dieser Kerze an. Die Kirche wird dann immer heller. Das ist ein Symbol für die Auferstehung von Jesus.

Pfarrer Gerbers: Außerdem gibt es noch viele weitere Feste, in der katholischen Kirche beispielsweise Allerseelen, das Gedächtnisfest für die Verstorbenen. Die evangelischen Christen feiern zum Beispiel den Reformationstag zum Gedenken an Martin Luther und den Beginn der Reformation und den Buß- und Bettag, den Tag der Buße und inneren Einkehr.

Marie: Und das Erntedankfest. Dann sammeln die Kinder in unserem Dorf Erntegaben ein: Kartoffeln, Möhren, Kohl, Äpfel, Getreide und auch Blumen. Wir schmücken gemeinsam die Kirche und bereiten alles für den Gottesdienst am Sonntag vor. Sophie spielt die Orgel, und alle danken für die Ernte in diesem Jahr. Danach gibt es im Pfarrhaus noch Kaffee und Kuchen und für die Kinder kleine Geschenke.

(Aufgeschrieben von Jana Paßler) Q

A
▸ *Veranstaltet in eurer Schule oder in eurer Stadt eine Umfrage: Warum feiern wir Weihnachten, Ostern und Pfingsten? Wertet die Ergebnisse aus.*

▸ *Erkundigt euch, welche besonderen Bräuche es in eurer Heimatregion gibt. Dazu könnt ihr euch auch an ein Heimatmuseum wenden oder ältere Menschen fragen.*

▸ *Stellt euch vor, es gäbe keine solchen Feiertage mit ihren Bräuchen und Traditionen. Was wäre anders? Würden sie euch fehlen? Sprecht gemeinsam darüber.*

Weihnachten

Das Weihnachtsfest gilt für viele Menschen in Deutschland als das Fest aller Feste.
Darauf freuen sie sich das ganze Jahr über.
Doch feiern alle dasselbe Fest?
Erstmals wurde Weichnachten als das Fest der Geburt von Jesus im Jahr 336 in Rom
gefeiert.

Der Schriftsteller Herrmann Hesse schilderte das Weihnachtsritual in seinem Eltern-
haus.

Das Weihnachtsevangelium

Weihnachtsabend im „schönen Zimmer", die Kerzen brannten am hohen Baum, und wir
hatten das zweite Lied gesungen. Der feierlichste und höchste Augenblick war schon
vorüber, der war das Vorlesen des Evangeliums: Da stand unser Vater hoch aufgerich-
tet vor dem Baum, das kleine Testament in der Hand, und halb las er, halb sprach er
auswendig mit feierlicher Betonung die Geschichte von Jesu Geburt: „Und es waren
Hirten daselbst auf dem Felde bei den Hürden, die hüteten des Nachts ihre Herde ..."
Dies war das Herz und der Kern unseres Christfestes: das Stehen um den Baum, die
bewegte Stimme des Vaters, der Blick in die Ecke des Zimmers, wo auf halbrundem
Tisch zwischen Felsen und Moos die Stadt Bethlehem aufgebaut war, die letzte freudi-
ge Spannung auf die Bescherung, auf die Geschenke ... die Freude über Jesu Geburt
im Stalle zu Bethlehem und die Freude am Baum und Kerzenlicht und am Duft der
Lebkuchen und Zimmetsterne und die drängende Spannung im Herzen, ob man wirklich das seit Wochen Ge-
wünschte auf dem Ga-
bentisch finden werde.

*(Hermann Hesse:
Erinnerungen an
Hans. In: Bilderbuch
der Erinnerungen,
Aufbau Verlag
Berlin/Weimar 1986,
S. 235)*

Als christliches Fest ist Weihnachten relativ jung. Was feierten die Menschen davor und was feiern nichtchristliche Menschen zu Weihnachten?

Fest des Lichtes

Die Nacht des 21. Dezember gilt als die längste Nacht eines jeden Jahres. Danach werden die Tage wieder länger. Unsere heidnischen Vorfahren litten sehr unter der Finsternis und fürchteten sich vor der Dunkelheit. Sie feierten daher um diese Zeit herum mit Sonnenwendfeuern die Rückkehr des Lichtes.

In unseren heutigen weihnachtlichen Traditionen verschmelzen die heidnischen und die christlichen Traditionen miteinander. Zur christlichen Tradition gehören die Krippe, das Krippenspiel, in welchem die Geburt Jesus' und seine Anbetung durch die Hirten und die heiligen drei Könige nachgestellt wird. Ebenfalls zur christlichen Tradition gehört das Schenken. Die Heiligen Drei Könige brachten dem Jesuskind der Überlieferung nach Gold, Myrrhe und Weihrauch als Geschenke. Zur heidnischen Tradition gehören die Schwibbögen, der mit Lichtern geschmückte Baum, welche die Dunkelheit des Winters durchbrechen sollen. Heute sind beide Traditionen eng miteinander verflochten.

▶ *Schildere, wie Weihnachten in deiner Familie begangen wird. Gibt es feste Bräuche, die jedes Jahr wiederkehren?*

▶ *Was findest du an diesen festen Riten gut? Was nicht so gut?*

▶ *Welche Symbole verbindest du mit Weihnachten?*

▶ *Wofür steht das Weihnachtsfest für dich und deine Familie?*

Ostern

In unserem Kulturraum sind viele Feste mit dem Lebensweg Jesus' verknüpft. Ebenso wie Weihnachten nimmt das Osterfest einen zentralen Platz ein.

Das christliche Osterfest

Der Überlieferung nach, wurde Jesus am Karfreitag ans Kreuz genagelt, wo er unter großen Qualen starb. Am Abend wurde er durch Josef vom Kreuz abgenommen und in ein Felsengrab gelegt. Da Jesus kurz vor seinem Tod voraussagte, dass er am dritten Tage auferstehen werde, wurde das Grab streng bewacht. Dadurch sollte verhindert werden, dass der Leichnam geraubt und eine Legende von Jesus' Auferstehung erfunden werde. Trotz der strengen Bewachung jedoch fand man am dritten Tage das Grab leer. Jesus war – wie vorausgesagt – auferstanden.

Für die Christen in aller Welt ist Ostern daher ein Fest Hoffnung. Es wird besonders festlich begangen. Die Auferstehung Jesus', welche gefeiert wird, steht gleichsam als Symbol für einen Neubeginn in der Natur und im eigenen Leben.

Am Ostersonntag endet die 40 Tage während vorösterliche Fastenzeit, welche als eine Zeit der Buße und der eigenen Stärkung durch den Verzicht verstanden wird.

(Vgl. Bibel, NT, Mt. 27, 31- 28, 10. Verlag Katholisches Bibelwerk, Stuttgart 1997) Q

A ▸ *Sprecht darüber, was Fasten heißt und was durch das Fasten erreicht werden soll.*
▸ *Kannst du dir vorstellen, eine Zeit lang freiwillig auf Luxus zu verzichten? Welchen Sinn könnte dein Verzicht erfüllen?*

Jüdische Riten und Feste

Der Sabbat – Innehalten und Erinnerung

Der Sabbat („Ruhe"; „Aufhören") ist der siebente Tag der Woche. Er hat im Leben der Juden eine sehr große Bedeutung.

Aus dem Kiddusch

Gelobt seist du, Ewiger, unser Gott, König der Welt, der du uns geheiligt hast durch deine Gebote, uns erwählt hast und deinen heiligen Sabbat in Liebe und Wohlgefallen uns zum Anteil gegeben hast als Gedenken des Schöpfungswerkes.

(Sidur, Victor Goldschmidt-Verlag, Basel 1995, S.99 f.)

David erzählt von der Sabbatfeier

Freitag Nachmittag wird bei uns die Wohnung sauber gemacht und das Essen vorbereitet, denn am Sabbat ist das Kochen verboten. Der Sabbat beginnt, wenn die ersten Sterne aufgehen, denn im jüdischen Kalender fangen die Tage immer mit dem Abend an.

Meine Mutter legt sich ein dünnes Tuch auf den Kopf, zündet feierlich die zwei Sabbatkerzen an und spricht den Segen über die Lichter.

Wir gehen in die Synagoge und feiern den Einzug des Sabbat. Danach wünschen wir uns Schabbat Schalom, das heißt Sabbatfrieden.

Zu Hause werden wir Kinder vom Vater gesegnet. Mein Vater spricht den Kiddusch,

den Weinsegen. Dann segnet er das Sabbatbrot, bricht für jeden ein Stück ab, bestreut es mit Salz und reicht es uns. Danach beginnt die Mahlzeit. Nach dem Essen sitzen wir noch zusammen, trinken Tee, singen gemeinsam, spielen oder lesen.

Am nächsten Morgen findet ein feierlicher Gottesdienst in der Synagoge statt.

Am Abend, wenn die ersten drei Sterne zu sehen sind, nehmen wir Abschied vom Sabbat und sprechen die Hawdala, den Segen. Die Hawdala-Kerze, eine besonders geflochtene Kerze, wird angezündet. Später wird die Kerze mit Wein gelöscht, der Sabbat ist vorüber.

(Aufgeschrieben von Jana Paßler)

Jüdische Sabbatfeier

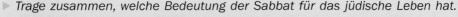

A

▶ Trage zusammen, welche Bedeutung der Sabbat für das jüdische Leben hat.

▶ Was unterscheidet den Sabbat von einem Werktag? Was denkst du? Ist es wichtig, einen Ruhetag in der Woche zu haben? Begründe deine Antwort.

▶ Unser Ruhetag ist der Sonntag. Viele nutzen diesen Tag dazu, um liegen gebliebene Arbeiten nachzuholen. Du hast bestimmt schon einmal an einem Sonntag Hausaufgaben gemacht. Formuliere ein „Gebot", das unseren Sonntag zu einem Ruhetag macht.

Jüdische Feste feiern

Das Lichterfest feiern

„Feiert ihr eigentlich auch Weihnachten?", wollen die Freunde von David wissen.

„Nein, denn zu Weihnachten feiern die Christen die Geburt von Jesus. Aber wir haben ein Lichterfest, Chanukka, das im November oder Dezember gefeiert wird."

„Du weißt wohl nicht genau, wann das Fest anfängt?", scherzt Leon.

Chanukka-Fest in einer jüdischen Familie in Deutschland

„Das weiß ich schon. Aber unser Kalender richtet sich nach dem Mond. Das Mondjahr ist etwa 11 Tage kürzer als das Sonnenjahr. Es gibt einen Schaltmonat, der in bestimmten Abständen eingeschoben wird. Deshalb feiern wir nicht immer zur gleichen Zeit."

„Wir Muslime haben auch einen Mondkalender, aber einen Schaltmonat kennen wir nicht. Unsere Feste wandern durch das ganze Jahr", fügt Said hinzu. „Außerdem haben wir eine eigene Zeitrechnung."

„Wir Juden auch. Wir zählen von der Erschaffung der Welt an, die nach biblischer Zeitrechnung im Jahr 3760 vor unserer Zeit stattfand."

„Was war denn nun mit dem Lichterfest?", erinnert Lisa.

„Wir zünden jeden Abend ein Licht mehr an, bis alle acht Lichter auf dem Chanukka-Leuchter brennen", erzählt David.

„Und warum gerade acht Lichter?", möchte Marie wissen.

„Das Fest erinnert an ein Wunder, das vor mehr als zweitausend Jahren geschah. Damals hatten die Juden den Tempel in Jerusalem nach langer Belagerung wieder erobert. Aber es gab nur noch einen kleinen Krug mit reinem Öl für die Menora, das nur für einen Tag reichen konnte. Doch der Leuchter brannte acht Tage lang, genau so lange, bis neues Öl hergestellt wurde", erklärt David.

„Gibt es bei eurem Lichterfest auch Geschenke?", fragt Leon.

„Natürlich, und ganz besonders für uns Kinder. Und wir spielen Trendeln. Dabei wird ein vierseitiger Kreisel gedreht. Auf den Seiten stehen die vier Anfangsbuchstaben von ‚Ness Gadol Haja Schom'. Sie bedeuten ‚Ein großes Wunder ist geschehen dort'. Wenn das N oben liegt, bekommt man nichts, bei G nimmt man das Ganze, bei H die Hälfte und bei S ‚stellt man ein', dann muss man noch einen Einsatz in die Mitte legen. Meist nehmen wir Nüsse dafür."

(Aufgeschrieben von Jana Paßler) Q

 Ness   Gadol   Hajan   Schom

A ▶ *Ein Chanukka-Trendel lässt sich ganz leicht aus Pappe nachbauen. Versucht es doch einmal, dann könnt ihr dieses Spiel ausprobieren!*

Rosh Ha-Shana, Sukkot und Pessach

Es gibt noch viele andere jüdische Feste, die an die Geschichte des Volkes Israel und seine Verbundenheit mit Gott erinnern.

Das jüdische Neujahrsfest heißt **Rosh Ha-Shana**, das bedeutet „Kopf des Jahres", und fällt in den Herbst. Es ist ein ernstes und stilles Fest. Man denkt darüber nach, was man im vergangenen Jahr falsch gemacht hat, bereut seine Fehler und nimmt sich Gutes für das neue Jahr vor.

Sukkot, das Laubhüttenfest, erinnert dar-an, dass das Volk Israel nach der Befreiung aus Ägypten 40 Jahre lang durch die Wüste wanderte und von Gottes Hilfe begleitet wurde. Für den Bau der Sukka, der Laubhütte, gibt es spezielle Vorschriften. Das Dach soll so gedeckt sein, dass die Sterne hindurchscheinen können. Der Innenraum wird festlich geschmückt. Dort wird sieben Tage lang gegessen und Besuch empfangen.

Laubhüttenfest in Jerusalem

Im Mittelpunkt von **Pessach**, dem Fest der ungesäuerten Brote, steht der Auszug des Volkes Israel aus Ägypten. Der Se-derabend ist der Höhepunkt des Festes. Seder bedeutet „Ordnung". Auf dem fest-lichen Sedertisch liegen drei Mazzot (ungesäuerte Brote). Sie erinnern an die Eile, mit der die Israeliten Ägypten verlas-sen mussten. In der Mitte steht der Sederteller mit verschiedenen Speisen, die eine besondere Bedeutung haben: grüne Kräuter stehen für die Früchte des verheißenen Landes, Bitterkraut stellt die Leiden in ägyptischer Gefangenschaft dar, Salzwasser die Tränen, die in der Gefangenschaft vergossen wurden u. a. Es wird aus der Haggada, der Pessacherzählung, vorgelesen. Das Ende von Pessach bildet der Wunsch, „Nächstes Jahr in Jerusalem!" feiern zu können.

A

▶ *Vergleiche das jüdische Neujahrsfest mit unserem Silvester. Trage Gemeinsamkeiten und Unterschiede zusammen.*

▶ *Stellt in eurer Klasse einen eigenen Sederteller nach. (Dünnes Fladenbrot, Trauben-saft, Salzwasser, Meerrettich, Petersilie, etwas Apfelmus, hartgekochte Eier und einen Knochen mit etwas Fleisch daran.) Erzählt nun mit Hilfe dieser Speisen die Geschichte des Auszugs der Israeliten aus Ägypten nach. Ihr findet sie im 2. Buch Mose, Kapitel 12–14. Ihr dürft natürlich auch kosten! Könnt ihr die Bedeutung der einzelnen Speisen nachvollziehen?*

T

Bist du immer noch neugierig? Es gibt viele Bücher, in denen du etwas über das Judentum erfahren kannst, zum Beispiel „Mona und der alte Mann" von Noemi Staszewski und „Sascha und die neun alten Männer" von Ruth Weiss.

Die Festtage der Muslime

Eine muslimische Familie feiert das Fest des Fastenbrechens

Die Freunde sitzen gemeinsam im Garten, essen kleine süße Kuchen, die Saids Mutter gebacken hat, und trinken Erdbeermilch dazu.

„Nun will ich aber endlich wissen, welche Feiertage ihr habt", sagt Marie zu Said.

„Ich habe euch ja schon erzählt, dass wir Muslime wie die Juden auch einen Mondkalender haben. Weil ein Mondjahr kürzer ist als ein Sonnenjahr, wandern unsere Feste durch das ganze Jahr. Zum Beispiel der **Fastenmonat Ramadan**. In diesem Jahr ist er im Oktober und November, aber 2010 ist er im August. Dann ist das Fasten viel schwerer, weil die Tage länger sind und es ist noch dazu sehr warm. Aber am Ende des Ramadan feiern wir das **Fest des Fastenbrechens**. Wir nennen es auch Zuckerfest. Es ist eines unserer wichtigsten Feste und dauert drei Tage. Meine Mutter bereitet schon Tage vorher leckeres Essen vor und alle helfen, das Haus zu putzen. Dann ziehen wir unsere schönsten Sachen an. Am ersten Tag gehen wir am Vormittag gemeinsam in die Moschee zum Gebet. Zu Hause gibt es dann ein festliches Essen. Wir schenken uns Süßigkeiten und andere Kleinigkeiten. Meist besuchen wir auch Freunde und Verwandte."

„Fast wie bei uns zu Weihnachten!", ruft Lisa. „Gibt es das bei euch auch?"

„Nein. Aber Isa, wie Jesus bei uns heißt, ist für uns ein wichtiger Prophet. Im Koran steht viel über ihn. Wir feiern den Geburtstag des Propheten Mohammed. Dann lesen wir Erzählungen aus seinem Leben und auch im Koran."

„Aber Silvester gibt es bei euch, oder?", will Leon wissen.

„Auch nicht. Aber es gibt den Neujahrstag, wenn unser Kalender beginnt. Dann denken wir an die Hidschra, die Auswanderung Mohammeds und seiner Anhänger von Mekka nach Medina im Jahr 622. In diesem Jahr beginnt auch unsere Zeitrechnung. Wir haben gerade das Jahr 1426."

Saids Vater kommt in den Garten. „Hast du schon vom Opferfest erzählt?", fragt er seinen Sohn.

„Wollte ich gerade", antwortet Said.

„Das **Opferfest** hat mit dem Propheten Ibrahim zu tun", beginnt der Vater zu erzählen. „In der Bibel heißt er übrigens Abraham. Er hatte zwei Söhne, Ismael und Isaak. Gott wollte ihn auf die Probe stellen. Er sollte seinen Sohn Ismael opfern. Ibrahim war sehr traurig. Er griff zum Messer, um ihn zu töten. In diesem Moment hielt Gott ihn zurück, denn er hatte gesehen, dass Ibrahim ihm vertraute. Stattdessen opferte Ibrahim einen Widder."

„Moment mal", wirft David ein. „Die Geschichte kenne ich aber ganz anders! Ich dachte, Abraham sollte Isaak opfern?"

„Da hast du recht, so steht es in der Bibel. Oder in deiner Tora. Wir Muslime glauben aber, dass Ismael geopfert werden sollte."

„Und wie feiert ihr das Opferfest?", fragt David.

„Wir schlachten ein Tier. Hier in Deutschland nehmen wir ein Schaf dafür, aber man kann auch ein Rind oder ein Kamel nehmen. Das Fleisch wird in drei Teile geteilt: ein Drittel geben wir den Nachbarn, ein Drittel bekommen die Armen und ein Drittel behalten wir für uns. Daraus wird ein Festessen bereitet und die ganze Familie trifft sich", erklärt Saids Vater.

„Und wir besuchen Verwandte und Freunde", fügt Said hinzu.

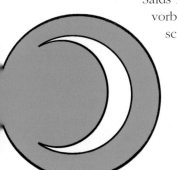

Saids Mutter kommt dazu. Sie trägt eine große Platte, darauf liegen vorbereitete Spieße mit Fleisch, Paprika, Zwiebeln und Tomatenscheiben.

„Und das ist ganz bestimmt kein Schweinefleisch?", fragt David verschmitzt. Alle lachen.

„So", sagt der Vater. „Jetzt will ich aber endlich den Grill vorbereiten. Ihr habt sicher schon Hunger. Wer hilft mir?"

(Aufgeschrieben von Jana Paßler) Q15

 ▶ Auch im Judentum und im Christentum gibt es Fastenzeiten. Tauscht euch aus, was ihr darüber wisst.

▶ Viele Menschen sehen keinen Sinn darin, auf bestimmte Dinge zu verzichten. Andere wollen fasten, finden es aber schwierig. Führt an eurer Schule ein Interview dazu durch.

▶ Seid ihr immer noch neugierig? Notiert euch weitere Fragen. Vertieft eure Kenntnisse über den Islam durch Gespräche mit muslimischen Mitschülern oder islamischen Gemeinden, durch Bücher und Zeitungen, Fernsehen oder das Internet (z. B. www.islam.de).

Lest das Buch „Julia und Ibrahim" von Georg Schwikart.

Feste im Lebenslauf

Lebensbegleitende Feste stellen Höhepunkte im Leben eines jeden Menschen dar. Sie kommen in allen Kulturen vor, markieren wichtige Lebensstationen und sind in gewisser Weise einmalig.

Bereits innerhalb der eigenen Kultur stehen manche Feste nahezu parallel nebeneinander. So feiert ein evangelischer Christ, wenn er in den Kreis der Erwachsenen aufgenommen wird, Konfirmation, jemand, der keinem Glauben angehört, Jugendweihe.

Auch in den verschiedenen Religionen gibt es zum Teil vergleichbare Feste.

Übersicht über Feste im Lebenslauf

Beschneidung | Taufe | Namensgebung | Einschulung | Kommunion | Jugendweihe | Konfirmation | Firmung | Bar/Bat Mizwa | Hochzeit | Eheschließung | Geburtstag | Namenstag

A   ▶ *Informiere dich anhand von Lexikon oder im Internet, was an diesen Tagen gefeiert wird.*

Geburtstag

Einmal im Jahr, am Geburtstag, stehst du selbst im Mittelpunkt eines Festes. Verwandte und Freunde freuen sich, dass es dich gibt und feiern dies mit dir.

Die Schriftstellerin Astrid Lindgren schildert uns einen ungewöhnlichen Kindergeburtstag in der Villa Kunterbunt.

Geburtstag einmal anders

Thomas und Annika verbeugten sich, überreichten dann das grüne Paket und sagten: „Wir gratulieren!"

Pippi dankte und riss eifrig das Paket auf. Und da lag eine Spieldose darin. Pippi war ganz wild vor Begeisterung. Sie streichelte Thomas, und sie streichelte Annika, und sie streichelte die Spieldose ... Dann drehte sie an der Spieldose, und mit vielem Kling-Klang kam eine Melodie heraus, die wohl „Ach, du lieber Augustin" vorstellen sollte.

Pippi drehte und drehte und schien alles andere vergessen zu haben. Aber plötzlich fiel ihr etwas ein: „Liebe Kinder, ihr sollt ja auch eure Geburtstagsgeschenke haben", sagte sie.

„Ja aber – wir haben ja gar nicht Geburtstag", sagten Thomas und Annika.

Pippi sah sie erstaunt an.

„Nein, aber ich hab Geburtstag, und da kann ich euch ja wohl auch Geschenke machen! Oder steht das irgendwo in euren Schulbüchern, dass man das nicht kann ...?"

„Nein, das ist klar, dass es geht", sagte Thomas. „obwohl es nicht üblich ist. Aber ich für meinen Teil will gern Geschenke haben."

(Astrid Lindren: Pippi Langstrumpf, Kinderbuchverlag, Berlin 1975, S. 101 f.) **Q1**

A   ▶ *Schildere, wie dein Geburtstag in deiner Familie begangen wird.*
▶ *Schreibe auf, wie du dir eine Geburtstagsfeier vorstellst, die ganz nach deinen Wünschen gestaltet ist. Wer soll eingeladen werden? Wie soll sie ablaufen?*

Namenstag

Der eigene Name ist etwas sehr Persönliches. Er unterscheidet sich von den anderen. Während man seinen Familiennamen von den Eltern „erbt", ist der Vorname frei wählbar. Den Namen, den Eltern ihrem Kind geben, trägt es in der Regel ein ganzes Leben lang. Deshalb will er wohl bedacht sein. Er kann einen Anspruch, eine Hoffnung, aber auch eine Last für den Träger darstellen.

Bei der Wahl eines Namens für das Kind spielen Familientraditionen, Moden und Vorbilder eine wichtige Rolle.

Früher gab es für einen Kalendertag einen Heiligen oder eine Heilige, die dem Tag seinen Namen gab. Die Kinder bekamen in der Regel den Namen des Heiligen, der an ihrem Geburtstag als Namenspatron fungierte. Damit hoffte man, Eigenschaften dieses Heiligen auf das Kind zu übertragen und es seinem Schutze anzuempfehlen. Erst später wählte man sich unabhängig vom Geburtstag einen Namenspatron.

Bei den Christen katholischen Glaubens und den Orthodoxen lebt diese Tradition bis heute fort. Im Zuge der Reformation wandten sich die Christen evangelischen Glaubens gegen eine übertriebene Heiligenverehrung und feiern seither an Stelle des Namenstages ihren Geburtstag.

▶ *Informiere dich, a) was dein Name bedeutet, b) ob es für deinen Namen einen solchen Namenspatron gibt, c) welcher Tag des Jahres deinem Namen gewidmet ist.*

▶ *Stell dir vor, ein Freund oder eine Freundin von dir feiert Namenstag. Du bist eingeladen. Male ein Bild, das dem Tag als Namenstag gerecht wird.*

▶ *Zu den Festen im Lebenslauf gehört auch die Einschulung. Bring ein Foto von deiner Einschulung mit und erzähle deinen Mitschülern, wie du diesen Tag verlebt hast.*

Hochzeit

In Deutschland gibt es die Zivilehe, d. h. die von einem Standesbeamten geschlossene Ehe. Daneben ist auch eine kirchliche Trauung möglich. Für katholische Christen ist die Ehe ein Sakrament und damit unlösbar, außer durch den Tod. Bei evangelischen Christen wird die Ehe ebenfalls als eine Gemeinschaft von lebenslanger Dauer verstanden, eine Ehescheidung ist aber möglich.

Hochzeit machen, das ist wunderschön

Am Morgen des Hochzeitstages wird die Haustür der Braut mit einer Girlande aus Tannengrün geschmückt. Der Weg vom Hochzeitshaus bis zur Kirche wird mit gehäkseltem Tannengrün bestreut, damit das Brautpaar auf einem grünen Teppich geht.

Während dies geschieht, putzen sich Bräutigam und Braut festlich heraus. Die Kirchenglocken beginnen zu läuten. Im Hof des Hochzeitshauses formiert sich der Hochzeitszug. Ganz vorn die Streukinder, auch sie fein herausgeputzt und von ihren besorgten Eltern ermahnt, die Blumen nicht alle auf einmal zu streuen. Sie tragen einen kleinen Korb mit zerkleinerten Blütenblättern. Die Streukinder gehen unmittelbar vor dem Brautpaar und bestreuen den Tannenteppich mit bunten Blüten. Dahinter geht das Brautpaar: die Braut ganz in Weiß gekleidet, der Bräutigam im dunklen Anzug. Dahinter die Eltern, die Großeltern, Geschwister, Onkel und Tanten – sie alle immer zu Paaren formiert und nach einer festen Ordnung gereiht.

Dann, beim dritten Läuten, setzt sich der Zug in Bewegung. Die Einwohner, Bekannte und Neugierige säumen den Weg zur Kirche. Alle wollen das Brautpaar sehen.

In der Kirche findet die Trauung statt. Die Orgel erklingt, der Pastor hält eine Rede. Das Trauungszeremoniell wird vollzogen. Darin heißt es:

Gott hat euch einander anvertraut.

Wollt ihr in eurer Ehe nach Gottes Wort leben
Und auf seine Güte vertrauen?
Wollt ihr in Freud und Leid zusammenhalten,
euer Leben lang? [...]
So sprecht: Ja, mit Gottes Hilfe.
(Aus: Trauungszeremoniell der evangelischen Kirche)

Die Ringe und ein Kuss werden getauscht ...
Auf dem grünen Teppich schreitet die Hochzeitsgesellschaft nach Hause.
Das Fest beginnt ...

 ▸ *Befrage deine Eltern oder Großeltern, wie ihre Hochzeitsfeier verlief. Erzähle deinen Mitschülerinnen und Mitschülern, was du erfahren hast.*

5.3 Leben nach eigener Fasson

Wo Menschen zusammenleben, da gibt es Grundsätze und Regeln. Sie dienen dazu, dieses Zusammenleben so zu ordnen, dass Menschen unterschiedlichen Alters und Geschlechts, unterschiedlicher Hautfarben und Nationalitäten einvernehmlich miteinander leben, ohne dass die Unterschiede zwischen ihnen eingeebnet werden. Es ist also legitim, dass ein Moslem den Ramadan einhält, dass ein Jude seine Söhne beschneiden lässt, dass ein Jugendlicher in der Disko bis zum Morgen durchtanzt, während ein Schichtarbeiter werktags möglichst zeitig zu Bett geht. Jeder von ihnen kann gegenüber seiner Lebensauffassung ein bestimmtes Maß an Entgegenkommen und Nachsicht erwarten. Heißt das aber, jeder kann leben, wie er will oder gibt es dafür Grenzen?

Leben wie *ich* will

Landwirt mit Leib und Seele

[Karl-Wilhelm Graf Finck von Finckenstein notierte am 26. April 2001:] Im Jahre 1966 bin ich in Hessen geboren. Aufgewachsen auf einem Gutsbetrieb, den mein Vater bis zur Pensionierung im Jahre 1987 bewirtschaftete. Mein Wunsch war immer, Landwirt zu werden. Der landwirtschaftlichen Lehre – unterbrochen von der Bundeswehrzeit – folgte das Studium der Landwirtschaft. Nach 1990 sah ich die Chance, mich im Osten Deutschlands als Landwirt selbstständig zu machen. Trotz aller Schwierigkeiten konnte ich 1993 Flächen auf dem Gebiet meiner Vorfahren in Semlow pachten. Mein Vater half dabei. Inzwischen mache ich mit zwei tüchtigen Mitarbeitern meine zehnte Ernte.

(In: Die Rückkehr der Familien. Alte und neue Gutsbesitzer in Mecklenburg – Vorpommern, Edition Temmen, Bremen 2002, S. 57)

Leben mit Hilfen

Bis zum vergangenen Sommer lebte ich allein in der Wohnung, die mir 40 Jahre ein zu Hause war. Dann versagten die Gelenke. Ich stürzte oft und kam nicht wieder hoch. Früher hätte ich mir nie vorstellen können, jemals in ein Altenheim zu gehen. Doch nun blieb mir keine Wahl. Der Sohn arbeitet in Sachsen, meine Tochter bei Kiel. Sie wollten mich zu sich holen, aber das wollte ich nicht. Ich bin ein alter Baum, den man nicht mehr verpflanzt. Ich wollte in meinem geliebten Neuruppin bleiben.

(Margarethe M, 84 Jahre alt)

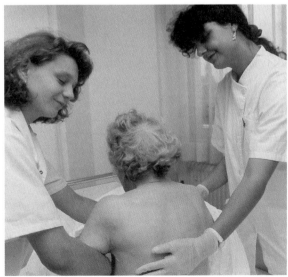

Karriere – Erfolg – Jessica

Jessica M. ist noch keine 40 Jahre alt und eine der wenigen Topmanagerinnen in der Industrie. Wenn die Unternehmensleitung zusammenkommt, ist sie die einzige Frau in der Runde und auch ihre Geschäftspartner in allen Teilen der Welt sind nur Männer und nicht selten erstaunt, wenn eine Frau erscheint.

Ein anderes Leben, als das, welches sie führt, kann sie sich nicht vorstellen. Sie bezeichnet sich selbst als ein richtiges Arbeitstier, als mit der Firma verheiratet. Sie begann ihre Karriere in einem kleinen Unternehmen, in welchem sie das ABC ihres Berufes erlernte. Bald wechselte sie in ein Großunternehmen, wo sie sich durch ihre Leistungen und den unbedingten Willen zum Erfolg hervortat. Sie wusste, dass sie als Frau besser als die Kollegen sein musste. Man trug ihr die Leitung eines Projekts an. In der Projektleitung sah sie ihre große Chance. Feierabend und Freizeit kannte sie nicht und auch von den Mitarbeitern verlangte sie vollen Einsatz. Das Projekt war ihre erste Herausforderung, der weitere folgten. Jessica M. hat es geschafft. Sie spielt in der obersten Liga.

In ihrem Leben ist kein Platz für quengelnde Kinder oder für einen Mann. Sie braucht den Erfolg und hat noch große Pläne ...

(Nach: Unicum. Heft 03/2001)

Weg ins Kloster

Beate hat einen Nachmieter für die Wohnung gefunden, Verträge gekündigt, ihr Eigentum verschenkt und sich von Verwandten und Freunden in Rheine verabschiedet. Die 45-Jährige geht ins Kloster.

Mit 17 musste sie ihren Traumberuf, Krankenschwester, wegen eines Babys vergessen. Sie heiratete, war nur zwei Jahre später bereits geschieden.[...] Ein zufälliges Gespräch im Zug, ein Artikel über das Kloster Helfta änderten ihr Leben. Ihre Töchter sind erwachsen und kommen allein zurecht. Als Älteste von acht Geschwistern empfindet Beate die Gemeinschaft des Klosters als Familie. Zwischen 5.30 Uhr und 19.45 Uhr beten die vier Schwestern und zwei Novizinnen sieben Mal gemeinsam. Dazwischen ist Zeit zur persönlichen Zwiesprache mit Gott und zur Arbeit. Dass sie keine Briefe mehr schreiben und keine Telefonate mehr führen darf, erscheint Beate sinnvoll. Es würde von der Beschäftigung mit Gott und der Suche nach einem inneren Frieden ablenken.

(Gertruds Schwestern. In: LVZ Journal v. 15.4.2005)

Keiner fragt mich

Servil betrachtete ihre Hände, die groß und rötlich vom Kochen, Putzen, Waschen und Bügeln waren. Ich bin das Dienstmädchen meiner Familie, dachte Servil, während sie Kartoffeln schälte. Und dabei machen mir die Eltern den Vorwurf, ich sei faul.

Servil war allein, sprach aber laut, weil sie sich vorstellte, sie hätte einen Gesprächspartner. Sie war oft allein. Die Eltern gingen zur Arbeit, der größere Bruder in die Lehre und ihre kleine Schwester zur Schule. Servil ging nicht mehr zur Schule. Eigentlich hatte sie aufs Gymnasium gewollt, aber die Eltern erlaubten es nicht, obwohl sie eine gute Schülerin war.

„Warum soll ein Mädchen gebildet sein", hatte der Vater gesagt, „ein Mädchen muss Hausarbeit lernen und möglichst früh heiraten."

Heiraten ... Servil grauste bei dem Gedanken. Dabei war der Ehemann schon gefunden, Kamil, der Sohn eines Kollegen von Servils Vater. Sie kannte diesen Kamil nicht und überhaupt, war sie erst 17 und wollte gar nicht heiraten, jedenfalls noch nicht und wenn, dann jemand, den sie kennt und liebt.

(Alev Tekinay: Die Deutschprüfung, Brandes & Apsel, Frankfurt/Main 1989, S. 30 f.) **Q**

> **A** ▸ *Vergleicht die geschilderten Lebensweisen miteinander und untersucht, welche Gründe die einzelnen Personen veranlasst haben könnten, gerade diesen Lebensweg für sich zu wählen.*

Kein Mensch kann seine Lebensweise völlig frei wählen. Jeder Mensch ist in dieser oder jener Form geprägt oder gebunden. Welche Lebensweise wir für uns selbst für richtig halten, hängt vom Zusammenspiel vieler Faktoren ab.

Einflussfaktoren für die eigene Lebensweise

Alter	Eltern	Erziehung	Moden	Talente	Begabungen
	Geschlecht	Fleiß	Glaube		Beziehungen
die Zeit, in der man lebt		Können	Traditionen		
	Wissen		Zufall	Ehrgeiz	Gesundheits-zustand
	Neigungen	Finanzielle Möglichkeiten		Medien	

> **Ü** ▸ *Gibt es weitere Einflussfaktoren, die für Wahl der eigenen Lebensweise von Bedeutung sind? Ergänze die Liste um diese Faktoren.*
> ▸ *Wähle dir drei Faktoren aus, die deiner Ansicht nach von besonderer Bedeutung für die Wahl des eigenen Lebensweges sind.*
> ▸ *Schreibe mit diesen Faktoren eine kleine Geschichte über deinen bisherigen Lebensweg.*
> ▸ *Male ein Bild, wie du selbst dir das Leben erträumst, wie du später einmal leben möchtest.*

Leben und leben lassen?

Nicht alle Lebensweisen, auf die man in seinem Umfeld stößt, erscheinen einem gut und richtig. Einige beachtet man mit Neugier, andere eher mit gemischten Gefühlen. Das kann nicht gut gehen, flüstert dabei manchmal eine innere Stimme. Verdienen auch diese Lebensweisen Achtung und Respekt? Muss ich für alles Verständnis aufbringen, was um mich herum passiert und wie viel Verständnis kann ich für meine Art zu leben erwarten?

Maloche – nein, danke!

Anne ist 24 Jahre alt und lebt in einer WG in Berlin. Miete zahlt niemand aus der WG, denn das Haus ist „Instandbesetzt", wie es im Szenejargon heißt. Anne gehört seit Jahren zu den Autonomen. Sie ist gegen den Kapitalismus und lässt sich nicht ausbeuten, um ein paar Kröten für den Lebensunterhalt zu verdienen. Sie hat das Abi abgelegt und ist danach ausgestiegen. Ab und an, wenn das Geld nicht reicht, spielt sie in der U-Bahn Geige und erhält ein paar Münzen, die für das Nötigste reichen. Früher, in ihrem bürgerlichen Leben, wollte sie einmal Musik studieren. Aber das war einmal.

    Heute lebt sie weitgehend vom Geld ihrer Eltern und findet es okay, jeden Monat das staatliche Kindergeld plus 100 Euro von ihnen einzustreichen. Sollen die Eltern doch malochen, um das ungebundene Leben ihrer Tochter zu finanzieren. „Schließlich", so Anne, „haben sie mich ja in die Welt gesetzt."

(Frei nach: Helmut Kopetzky: Bürgerschreck, lass nach. In: Das Magazin, H.5/2005, S. 35ff.)

Hass säen

Alex war 17 und für sein Alter recht klein und schüchtern. Er hatte es stets schwer, von seinen Mitschülern akzeptiert zu werden und Freunde zu finden. So lebte er als Einzelgänger wider Willen.

Eines Abends sprach ihn in der Disko ein Typ mit kurz geschorenen Haaren an. Ob er nicht Lust habe, mal mit ins Rockkonzert zu kommen. Klar hatte er Lust, zumal er nicht allein gehen musste. Bei diesem Konzert lernte er noch andere Leute kennen, allesamt mit dem gleichen kurzen Haarschnitt. Sie waren nett zu Alex und borgten ihm sogar CDs. Es war das erste Mal, dass Alex in einer Gruppe akzeptiert wurde. Er ging in der Folge oft zum abendlichen Treffpunkt an der Tankstelle. Dort tranken sie Bier und palaverten. Eines Abends fragte ihn Mike unumwunden: „Kommst du heute mit, Fidschis [1] aufklatschen?"

„Ich weiß nicht ...", stotterte Alex unsicher. „Ich bin eigentlich gegen Gewalt und außerdem, das sind doch Menschen wie wir. Sie sind sehr arbeitsam und fleißig, das finde ich toll."

„Na und, aber sie gehören hier nicht her. Hier ist Deutschland! Die Fidschis sollen dorthin verschwinden, wo sie herkommen!"

So ganz wohl war Alex nicht. Trotzdem trottete er mit, grölte er Hassparolen, die durch die menschenleeren Straßen hallten und warf auch er einen Stein ins Schaufenster des vietnamesischen Gemüsehändlers.

[1] Abwertende Bezeichnung für vietnamesische Mitbürger

Gestern Morgen wurde in der Innenstadt ein Mädchen von sieben Männern misshandelt.

Wer nichts tut, macht mit.

Sechs davon haben dabei einfach weitergelesen.

A

▸ *Wähle aus den Beispielen eines aus, das du für nicht akzeptabel hältst und schreibe einen Brief an die entsprechende Person, in welchem du ihr deine Bedenken gegenüber der von ihr praktizierten Lebensweise darlegst.*

▸ *Schildere anhand von Beispielen andere Lebensweisen, die du nur schwer verstehen und akzeptieren kannst. Was genau bereitet dir dabei Unbehagen?*

▸ *Schau dir die unten aufgelisteten Bausteine für Toleranz an! Welche dieser Bausteine müssen verletzt sein, um die damit verbundene Lebensweise kritisch zu beurteilen?*

Kann man Zusammenleben erlernen?

Jedes Zusammenleben verlangt ein gewisses Maß an Nachsicht und Duldsamkeit gegenüber den Eigenheiten des anderen. Das bedeutet jedoch nicht, die eigene Position zu verleugnen oder aufgeben.

Bausteine für Toleranz

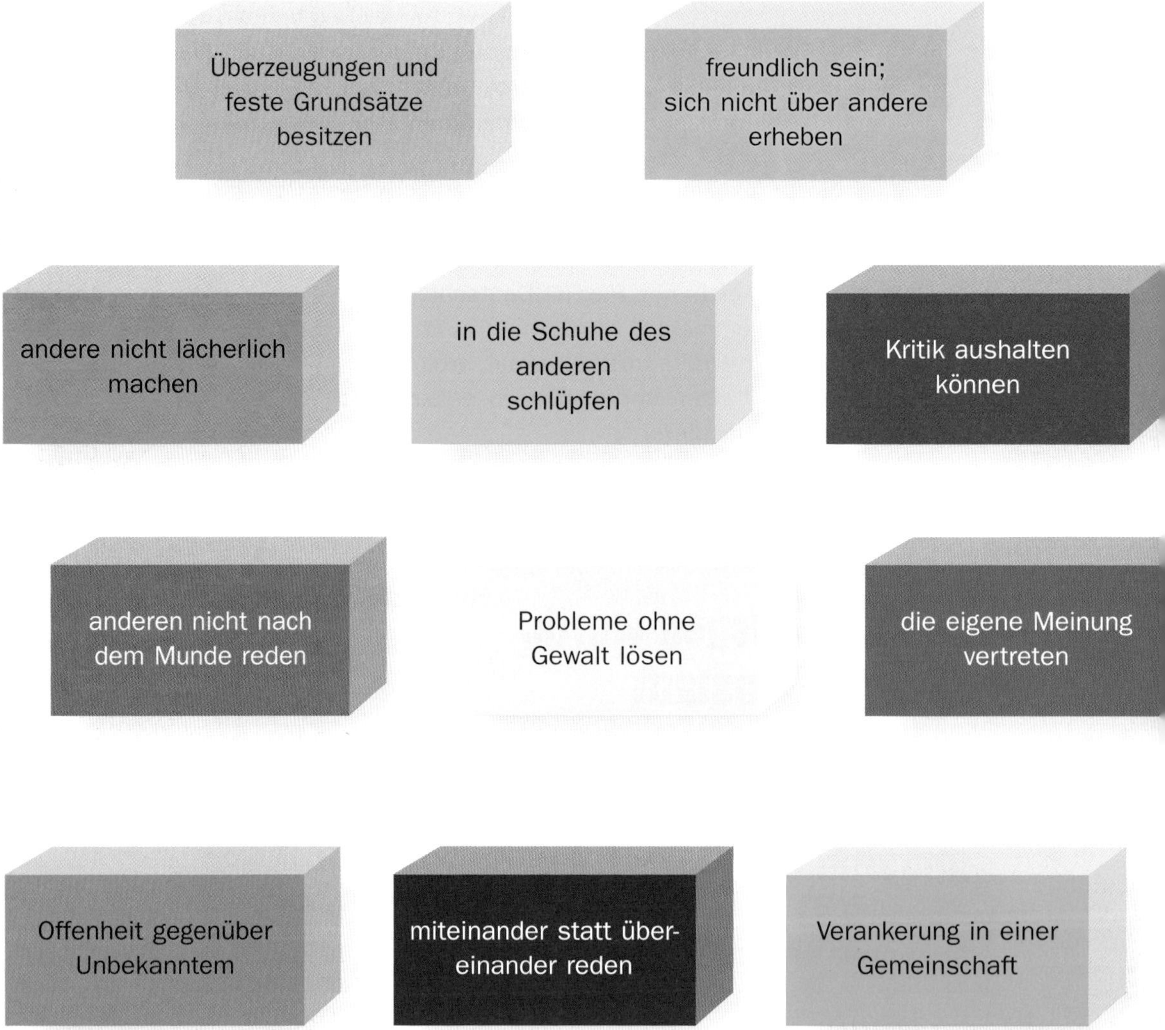

Überzeugungen und feste Grundsätze besitzen

freundlich sein; sich nicht über andere erheben

andere nicht lächerlich machen

in die Schuhe des anderen schlüpfen

Kritik aushalten können

anderen nicht nach dem Munde reden

Probleme ohne Gewalt lösen

die eigene Meinung vertreten

Offenheit gegenüber Unbekanntem

miteinander statt übereinander reden

Verankerung in einer Gemeinschaft

A
- ▶ *Erläutert für jeden einzelnen Baustein der Toleranz, warum und wofür dieser im Zusammenleben notwendig ist. Was geschieht, wenn dieser Baustein fehlt?*
- ▶ *Schlagt weitere Bausteine vor!*
- ▶ *Tragt analog zu den Toleranzbausteinen Bausteine für Intoleranz zusammen.*

Blickpunkt Zukunft: Frieden und Gerechtigkeit

6

6.1 Von einer besseren Welt träumen

Die Menschen in Deutschland leben in relativ gesicherten Verhältnissen. Sie können sich viele Wünsche erfüllen. Dennoch haben sie weiterhin Wünsche und Träume für ihr persönliches Leben und die Zukunft der Welt im Allgemeinen.

Befragt danach, was nach ihrer Meinung die Welt der Zukunft auszeichnet, notierten 12-Jährige folgende Wünsche:

- Saubere Umwelt
- Jeder besitzt ein Handy
- Frieden
- Kein Mensch hungert mehr
- Jeder hat genug sauberes Trinkwasser
- Gleiche Rechte für alle
- Keine Kriminalität
- Keine Benachteiligung wegen Religion oder Hautfarbe
- Alle Menschen leben friedlich zusammen
- Es gibt keine schlimmen Krankheiten mehr
- Es gibt keine Drogen mehr
- Keiner ist mehr arm
- Man kann sich klonen lassen
- Keine Tierversuche mehr
- Weltweite Information über das Internet
- Alle haben ein Auto
- Alle Waffen sind vernichtet
- Lehrer unterrichten die Schüler von zu Hause aus, per Computer und die Schüler lernen zu Hause
- Im Urlaub kann man auf den Mond fliegen
- Eltern haben mehr Zeit für ihre Kinder
- Die Menschen werden 100 Jahre alt

(Nach: Jürgen Zinnecker et.al.:
Null zoff & voll busy, Leske & Budrich 2003)

A ▶ *Was bedeutet „eine bessere Welt" für dich? Ergänze die vorliegenden Vorstellungen durch eigene!.*
▶ *Wähle dir aus allen Vorstellungen zehn Punkte aus, die für dich besonders wichtig sind. Bringe diese in eine Rangfolge von 1 bis 10 (1 = ganz besonders wichtig; 10 = weniger wichtig).*
▶ *Bildet Kleingruppen und wiederholt die Aufgabe. Einigt euch dabei auf eine Gruppenreihenfolge.*

Wenn aus Wünschen Utopien erwachsen

Träume von einer besseren Welt nennt man auch „Utopien". Umgangssprachlich steht das Wort „utopisch" häufig für etwas Unrealistisches, ein reines Hirngespinst, fernab aller Wirklichkeit. Das ist jedoch nicht richtig.

Utopie (Griech. „Nirgendort", erdachtes Land)
Nach dem 1516 verfassten Roman von Thomas Morus „Utopia" bezeichnet das Wort einen ersehnten, erhofften, besseren Gesellschaftszustand, in welchem die Menschen in Frieden, Wohlstand und Glück zusammenleben.

Positive und negative Utopien

Positive Utopien beschreiben einen ersehnten Idealzustand der Gesellschaft. Dieser ideale Gesellschaftszustand ist durch ein friedliches Miteinander der Menschen, durch Gerechtigkeit, soziale Gleichheit und Wohlstand gekennzeichnet. Beispiel für eine solch positive Utopien sind z. B. der Garten Eden und das Schlaraffenland.
Eine andere Grundform von Gesellschaftsutopien stellen die negativen Utopien dar. In ihnen wird eine Schreckensvision der Gesellschaft entworfen. Es herrschen Krieg und Gewalt. Die Menschen leben in stetiger Angst und Unterdrückung. Das soziale Miteinander ist durch Hass, Unsicherheit, Bedrohung und Ungerechtigkeit geprägt. Beispiele für solche Negativutopien sind z. B. die Apokalypse und Weltuntergangsvisionen.

Technische Utopien	
Informationsgesellschaft	Herrschaft der Roboter über die Menschen
Künstlerische Utopien	
Wiener Sezession um 1900	Bilderstürmerei
Politische Utopien	
Weltbürgergesellschaft Gottesstaat	Gewaltherrschaft, Terror
Religiöse Utopien	
Paradies, Messianisches Reich	Sintflut, Jüngstes Gericht
Wirtschaftliche Utopien	
Globalisierung, Flexibilisierung	Krisenszenarien
Soziale Utopien	
Kommunismus, Ständeordnungen	

 ▶ *Wähle dir aus den aufgelisteten Arten von Utopien eine aus und informiere dich anhand von Nachschlagewerken oder im Internet genauer über ihre Inhalte und Ziele. Trage die Ergebnisse deiner Recherche deinen Mitschülern vor.*

Hieronymus Bosch (1450–1516)
„Der Garten der Lüste" (Ausschnitt)

A ▶ Beschreibe die beiden Arten von Utopien, die Bosch malte. Stehen sie deiner Meinung nach in einem Zusammenhang? Welche Botschaft verbindet sich für dich mit den beiden Utopien des Triptychons?

Wozu man Visionen braucht

Träume von einer besseren Welt sind so alt wie die Menschheit selbst. Es gab in der Geschichte Versuche, die Vorstellungen von einem besseren Gesellschaftszustand in die Praxis umzusetzen. So gründete der britische Ökonom Robert Owen (1771–1858) im Jahre 1825 eine Musterkolonie, in der das Leben nach seinen utopischen Vorstellungen organisiert wurde. Das Experiment scheiterte ebenso wie spätere Versuche. Daher ergibt sich die Frage: Lohnt es überhaupt, solche Utopien zu entwerfen? Der Schriftsteller Oscar Wilde notierte dazu:

Eine Weltkarte, die das Land Utopia nicht enthielte, wäre nicht wert, dass man einen Blick darauf wirft, denn auf ihr fehlte das einzige Land, in dem die Menschheit immer landet. Und wenn die Menschheit dort gelandet ist, hält sie wieder Ausschau, und sieht sie ein schöneres Land vor sich, setzt sie die Segel. Fortschritt ist Verwirklichung von Utopien.

(Oscar Wilde: Die Seele des Menschen unter dem Sozialismus. Zit. nach: Der Brockhaus in 15 Bd., Bd. 14, Brockhaus Verlag; Leipzig/Mannheim 1998, S. 344) **Q**

A ▶ Stellt euch vor, ihr würdet eine Zeitmaschine besteigen, die euch in das Land der Utopien befördern kann. Die Glückwunschkarte aus dem 18. Jahrhundert zeigt euch eine Vielzahl von Reiserouten durch das Land der Wünsche.
▶ Welche Reiserouten erkennt ihr?
▶ Wo wäre euer Lieblingsplatz? Notiert erst jeder für sich und besprecht dann die Ergebnisse.
▶ Gestaltet eine eigene Karte eures „Landes der Wünsche".
▶ Gibt es Wünsche, die selbst in einem Land der Wünsche unerfüllbar wären?

6.2 Hoffnungen für die Welt

Solange Menschen leben, gelten ihre Gedanken nicht nur dem Heute, sondern darüber hinaus auch dem Morgen. Ihre Hoffnungen und Befürchtungen bringen sie in Bildern von dem Leben zum Ausdruck, das sie sich für sich und ihre Kinder ausmalen.

Es gab und gibt eine Vielzahl von Vorstellungen von der Zukunft der Welt. Eine allgemeine, alle Menschen und Länder einende Gesamtvorstellung existiert nicht. Einige dieser Vorstellungen sind religiös. Andere orientieren sich an bürgerlichen oder sozialistischen Ideen. Technische Möglichkeiten oder das Fortschrittsdenken prägen sie ebenfalls. Die Antworten, welche die Menschen auf die Frage fanden, wie eine bessere Welt in der Zukunft aussehen soll, fallen daher unterschiedlich aus.

Nachdenken über die Zukunft

Zeitvorstellungen der alten Ägypter

In den Zeitvorstellungen der alten Ägypter spielte die Zukunft so gut wie keine Rolle. Es gab keine Zeiteinheiten, die längere Fristen als ein Jahr beschrieben. Das Leben wurde als eine ewige Wiederkehr eines immer gleichen Kreislaufs verstanden, welcher durch eine Schlange, die sich selbst in den Schwanz beißt, dargestellt wurde.

Dem Diesseits, der kurzen Zeitspanne des irdischen Lebens, stand die Ewigkeit des Todes gegenüber. Da das Dasein auf Erden für die alten Ägypter nur einen flüchtigen Augenblick verkörperte, verwandten sie wenig Mühe darauf, Herbergen für die kurze Lebensfrist zu bauen. Sie konzentrierten sich darauf, „ewige Häuser" zu errichten, in denen sie ihre Zukunft verbringen würden. Die Pyramiden sind Stein gewordene Zeugnisse dieser Zukunftsvorstellung.

Auch die Grabbeigaben erzählen davon, dass die alten Ägypter meinten, mit dem Tode beginne nur eine jenseitige Existenz, die nicht endende Zukunft, in welcher die Toten ähnliche Dinge wie im Erdendasein benötigten: Nahrung, Schmuck, Kleider, Waffen, ja sogar Möbel.

(Nach: Hannelore Kischkewitz: Das Ägypten der Pharaonen: Kinderbuchverlag, Berlin 1988, S. 29) Q]

Vorstellungen vom Reich Gottes

Auch in den Zukunftsvorstellungen unseres Kulturraumes spielt das Leben nach dem Tode eine wichtige Rolle. Zu den Zukunftsvorstellungen eines Christen gehört der Glaube an sein Eingehen in Gottes Reich.

Das Reich Gottes

Jesus sagte: Selig, ihr Armen, denn euch gehört das Reich Gottes. Selig, die ihr jetzt hungert, denn ihr werdet satt werden. Selig, die ihr jetzt weint, denn ihr werdet lachen. Selig, seid ihr, wenn euch die Menschen hassen und aus ihrer Gemeinschaft ausschließen, wenn sie euch beschimpfen und euch in Verruf bringen um des Menschensohnes willen. Freut euch und jauchzet an jenem Tag; euer Lohn im Himmel wird groß sein. Denn ebenso haben es ihre Väter mit den Propheten gemacht.

Aber weh euch, die ihr reich seid; denn ihr habt keinen Trost mehr zu erwarten. Weh euch, die ihr jetzt satt seid; denn ihr werdet hungern.

(Bibel, NT, Lk 6, 20–25, Verlag Katholisches Bibelwerk, Stuttgart 1997) Q

▶ *Welche Voraussetzungen sind nötig, um am Reich Gottes teilhaben zu können?*
▶ *Wie erklärst du dir, dass die Reichen im Reich Gottes keinen Trost zu erwarten haben?*

Mit und für Gott leben

Im Reich Gottes wird Gott dem Menschen nahe sein. Die Christen erwarten das Reich Gottes aber nicht nur in der Zukunft, sondern es hat für sie bereits mit Jesus Christus begonnen. Der Wunsch nach dem Reich Gottes prägt auch das Leben eines Christen. Es steht im Zeichen und im Dienst Gottes. Wo immer Nächstenliebe geübt wird, wo Menschen einander helfen und wo sie miteinander fröhlich sind, zeigt sich ein winziges Stück davon.

Mutter Theresa

▶ *Informiere dich über das Leben von Mutter Teresa.*
▶ *Tauscht euch im Gespräch darüber aus, warum Mutter Teresa ihr Tun den Ärmsten von Kalkutta gewidmet haben könnte.*

Im Heute leben

Das Warten auf den himmlischen Lohn und auf himmlische Gerechtigkeit für das im Erdenleben erlittene Unrecht wurde von verschiedenen sozialen Bewegungen als Vertröstung angeprangert und kritisiert.

Auch der Dichter Heinrich Heine setzte in seinem großen Gedicht „Deutschland – ein Wintermärchen", das 1844 entstand, der Vorstellung vom himmlischen Lohn und der himmlischen Gerechtigkeit eine Zukunftserwartung entgegen, die bereits auf Erden ein gutes Leben verwirklicht sehen will. Heines Ansichten lehnten sich damit an die sozialistischen Ideale jener Zeit an.

Das Himmelreich auf Erden

Ein neues Lied, ein besseres Lied!
O Freunde will ich euch dichten!
Wir wollen hier auf Erden schon
Das Himmelreich errichten.

Wir wollen auf Erden glücklich sein;
Und wollen nicht mehr darben;
Verschlemmen soll nicht der faule Bauch,
was fleißige Hände erwarben.

Es wächst hienieden Brot genug
Für alle Menschenkinder,
Auch Rosen und Myrten, Schönheit und Lust,
Und Zuckererbsen nicht minder.

Ja, Zuckererbsen für jedermann,
Sobald die Schoten platzen!
Den Himmel überlassen wir
Den Engeln und den Spatzen.
(Heinrich Heine:
Deutschland – ein Wintermärchen.
In: Heine Lesebuch. Aufbau Verlag,
Berlin/Weimar 1969, S. 112) Q]

A ▶ *Vergleiche die Zukunftsvorstellungen aus der Bibel und von Heinrich Heine miteinander. Welche Schlussfolgerungen ergeben sich aus den beiden Entwürfen für das Erdenleben der Menschen?*

Technische Utopien

Technik und insbesondere der technische Fortschritt galten lange als ein Mittel, mit dem man alle Gegenwartsprobleme lösen kann. Dabei wurde angenommen, dass der Mensch alle Nebenwirkungen und Risiken beherrschen und die Technik menschlichen Bedürfnissen perfekt anpassen könne. So kursierten Vorstellungen davon, dass die moderne Stadt ein durch und durch künstliches Gebilde aus Glas, Licht und Beton darstelle. Auf Bildern, die solche modernen Stadtentwürfe zeigen, fehlen nicht

zufällig sowohl die Menschen, als auch die Natur (Bäume, Blumen).

Man ging davon aus, dass selbst die Nahrungsmittel künstlich produziert und ähnlich der Tubennahrung für Kosmonauten gegessen würden. So könne eine chemisch erzeugte Paste Kartoffeln und Brot ersetzen und alle lebensnotwendigen Stoffe und Energien enthalten.

Leben im Jahr 2050

Im Jahr 2050 schlucken die Häuser und Wohnungen nur noch ein Zehntel der Energie von heute. Sie nutzen aktiv und passiv die Kraft der Sonne. Großkraftwerke werden Zug um Zug abgeschaltet. Solarzellen liefern knapp die Hälfte des Stroms. Handarbeit ist wieder in, elektrische Geräte out. Nachbarn nutzen Kühltruhen, Waschmaschinen und Staubsauger gemeinsam. Die Städter erhalten die Lebensmittel aus dem benachbarten Umland. Kooperativen und Kleinunternehmer versorgen die Verbraucher direkt vom Erzeuger. Waren sind per Datennetz bestellbar und werden umgehend frisch geliefert. Der ökologische Landbau hat sich durchgesetzt. Der Bau von Fernstraßen dagegen ist seit langem eingestellt. Die Verkehrspolitik konzentriert sich auf regionale Verbindungen. Die Eisenbahn hat ihr Netz flächendeckend ausgeweitet [...], die meisten Züge verkehren alle halbe Stunde. Der durchschnittliche Treibstoffverbrauch von Fahrzeugen liegt bei 1,6 Litern auf 100 Kilometern, in der Stadt fahren fast nur solar gespeiste Elektromobile.

(Helga Keßler skizziert die Utopie von Reinhard Loske, Volkswirt am Wuppertal Institut für Klima, Umwelt, Energie. In: DIE ZEIT 27.10.1995)

▶ *Wie schätzt ihr die Machbarkeit der vorgestellten technischen Neuerungen ein? Was wird sich durchsetzen und was eher nicht? Begründet eure Zustimmung bzw. Ablehnung mit entsprechenden Argumenten.*

▶ *Zeichne ein Bild mit einer technischen Neuerung, der du große Bedeutung für die Zukunft der Menschen beimisst. Beschreibe, wie die von dir gemalte Technik das Leben beeinflussen wird.*

Ein bisschen Frieden, was heißt das?

Zukunft ist auf Dauer ohne Frieden nicht denkbar. Kriege zerstören Zukunftsaussichten nicht nur dadurch, dass sie Menschenleben auslöschen, sondern auch dadurch, dass sie die Lebensgrundlagen von Menschen durch Zerstörung von Gebäuden und Landschaften gefährden.

Innerhalb der Vorstellungen von einer besseren Welt spielt deshalb kein Wunsch eine so große Rolle wie der nach Frieden. Aber meinen wirklich alle dasselbe, wenn sie von Frieden sprechen?

„Lasst mich einfach nur in Frieden! Ich will meine Ruhe haben!", rufe ich meinen Eltern zu, wenn ich aus der Schule nach Hause komme. Ich verschwinde in meinem Zimmer, werfe den CD-Player an. Sofort füllt seine Musik das Zimmer aus. Ich lasse mich aufs Bett fallen und hänge einfach ab. Die Gedanken schweben nach Irgendwo. Eine Stunde verweile ich so, eine Stunde, die für mich der Inbegriff von innerem Frieden ist.

(Kevin, 14 Jahre, Frankfurt/Oder)

Überall ist Krieg auf der Welt: auf dem Balkan, in Israel, im Irak und in Afrika. Kein Wunder, wenn der Mensch dem Menschen nur noch Schlechtes will. Früher, da haben wir uns noch untereinander geholfen. Heute herrscht Hader und Zank, selbst in unserer Familie. Meine Töchter neiden einer der anderen ihr gutes Leben. Keine gönnt der anderen etwas Gutes. Wie soll da Frieden im Großen werden, wenn nicht mal mehr in den Familien das Leben stimmt.

(Dora M., 92 Jahre, Eberswalde)

Wir sind nicht wie andere Kinder. Ich bin Schülerin einer 11. Klasse. [...] wenn ich um 8 Uhr losgehe, bin ich erst um 10 Uhr in der Schule. Zwischen Haus und Schule ist ein israelischer Checkpoint. Jeden Tag muss ich dort lange in einer Schlange stehen, ob Regen oder Sonnenschein. Die Taschen werden von Soldaten kontrolliert, ich muss den Ausweis zeigen. Manchmal werden meine Freunde und ich ohne

Begründung nach Hause geschickt. Wir hoffen jeden Tag, dass die Soldaten gute Laune haben, gut geschlafen haben, uns nicht ärgern. [...] Ich träume davon, ohne Kontrollposten zu leben, mich frei bewegen zu können wie jedes andere Kind auf der Welt, meine Ausbildung beenden zu können. Ich wünsche mir, dass ich, wenn ich aus dem Haus gehe, keine Angst haben muss.

(Lana Kamleh, 16 Jahre, Ost-Jerusalem. In: Mahmoud Dabdoub: Wie fern ist Palästina?, Passage Verlag, Leipzig 2003, S. 112)

Q 6

A ▶ Was bedeutet Frieden für Kevin, Dora M. und Lana? Geht es allen dreien um denselben Frieden?

▶ Verständigt euch darüber, was ihr unter Frieden versteht, was Frieden für euch ist.

Spruchweisheiten
* Wer Gewalt sät, ...
* Es kann der Beste nicht in Frieden leben, wenn ...
* Friede, Freude ...
* Auge um Auge, ...
* Friedlich wie ...

A ▸ Ergänze die Sprüche um die fehlenden Worte! Sprecht darüber, ob ihr der vermittelten Weisheit zustimmt oder nicht.
▸ Tragt weitere Spruchweisheiten zum Thema Krieg und Frieden zusammen.

Friede?

Viele Kriege nichts gelernt
Denn sie sind ja weit entfernt.
Schmerzen, Leid, man lernt nichts draus.
Kranke, Tote, kein Zuhaus'.

In Ruanda und Sudan,
Wo vor Jahren Krieg begann,
Ballen tausend Fäuste sich.
Nicht so schlimm, es trifft nicht mich.

Da, wo's früher Leben gab,
Ist jetzt Stille, oft ein Grab.
Mädchen weinen, haben's schwer,
Wunden heilen meist nie mehr.

Wenn Krieg und Hass das Leben gefährden,
Wenn Furcht und Zerstörung nicht vernichtet werden,
Können wir nicht weiterleben,
Es wird keinen Frieden geben.

Doch vielleicht mal, irgendwann,
Fangen wir zu denken an.
Lernen andre zu verstehn

Mit allen Menschen umzugehn
Und auch mit dem Herzen sehn:
Wie sinnlos es doch früher war,
All die Kriege, Jahr für Jahr.

(Tanja Hiebel: Friede? In: Krieg und Frieden aus Schülersicht. Hg. v. d. Landeszentrale für politische Bildung, Stuttgart o. J., S. 31)

Ein Plakat von Stefan Heinrich

A ▸ Das Gedicht hat eine Schülerin geschrieben, das Plakat ein Schüler angefertigt.
▸ Setze dich mit dem Thema „Frieden" auseinander, indem du etwas Eigenständiges dazu herstellst (Collage, Plakat, Zeichnung) oder schreibst (Gedicht, Kurzgeschichte, Märchen).

Friedensvorstellungen

Im Laufe der Zeit wurden verschiedene Friedensvisionen entworfen. Die Palette reicht von Vorstellungen von einem Gleichgewicht der Waffen, das vor einem Krieg abschrecken soll, bis zu Träumen von einem harmonischen Miteinander aller Menschen und des Menschen mit der Natur.

Zu den ältesten gehört die im Neuen Testament der Bibel überlieferte Friedensvision für die Erde, wonach ein Messias kommen und die Weltprobleme auf seine ganz besondere Weise lösen wird.

Schwerter zu Pflugscharen
Denkmal vor dem UNO-Hauptgebäude in New York

Ankündigung des messianischen Reiches

Doch aus dem Baumstumpf Isais wächst ein Reis hervor, ein junger Trieb aus seinen Wurzeln bringt Frucht. Der Geist des Herrn lässt sich nieder auf ihm: der Geist der Weisheit und der Einsicht, der Geist des Rates und der Stärke, der Geist der Erkenntnis und der Gottesfurcht ... Er richtet sich nicht nach dem Augenschein, und nicht nur nach dem Hörensagen entscheidet er, sondern er richtet die Hilflosen gerecht und entscheidet für die Armen des Landes, wie es recht ist.

Er schlägt den Gewalttätigen mit dem Stock seines Wortes und tötet den Schuldigen mit dem Hauch seines Mundes. Gerechtigkeit ist der Gürtel um seine Hüften, Treue der Gürtel um seinen Leib.

Dann wohnt der Wolf beim Lamm, der Panther liegt beim Böcklein. Kalb und Löwe weiden zusammen, ein kleiner Knabe kann sie hüten. Kuh und Bärin freunden sich an, ihre Jungen liegen beieinander. Der Löwe frisst Stroh wie das Rind. Der Säugling spielt vor dem Schlupfloch der Natter, das Kind streckt seine Hand in die Höhle der Schlange. Man tut nichts Böses mehr und begeht kein Verbrechen auf meinem heiligen Berg; denn das Land ist erfüllt von der Erkenntnis des Herrn, so wie das Meer mit Wasser erfüllt ist.

(Die Bibel, NT, Jes. 11, 1–9, Verlag Katholisches Bibelwerk, Stuttgart 1997) Q

A ▸ Erfasse zunächst den Inhalt jedes der drei Abschnitte. Fertige dir dazu Notizen an. Beantworte dann die folgenden Fragen:
a) Wie wird der Messias geschildert?
b) Womit besiegt er Ungerechtigkeit und Gewalt?
c) Was erreicht er durch sein Handeln?
Welche Bedeutung könnte der Bibeltext für die heutige Zeit besitzen?

Wie Gerechtigkeit aussehen kann

In den Zukunftsvorstellungen nehmen auch Gerechtigkeitsvorstellungen einen breiten Raum ein. Gerechtigkeit gilt als eine Grundvoraussetzung für dauerhaften Frieden. Das gilt nicht nur im Großen, für das Zusammenleben der Menschen und Völker auf dem Erdball, sondern auch für das Zusammenleben im Kleinen, in einem Staat und in der Familie.

Wo Gerechtigkeit herrscht, leben die Menschen einträchtiger zusammen, regeln sie ihre Probleme vorwiegend mit friedlichen Mitteln. Wo sie fehlt, prägen Gewalt, Spannungen und Neid das Miteinander in viel stärkerem Maße.

Gerechte Welt?

Noch nie haben so viele Menschen im Wohlstand gelebt wie heute, in einem Wohlstand, der materiell denjenigen aller früheren Zeiten übertrifft. Noch nie haben so viele Menschen in Elend und Hunger gelebt wie jetzt; die Anzahl der Menschen, die an den Folgen von Hunger sterben, übertrifft die Anzahl der Toten aller Kriege unseres Jahrhunderts.

Die reichen Länder befinden sich fast ausschließlich auf der Nordhälfte der Erdkugel. Auf diesem Teil der Erde ist das Problem von arm und reich verschoben, aber nicht gelöst und heute wieder wachsend. Zwar ist die Mehrheit der Bevölkerung in diesem Teil der Erde, im globalen Maßstab gesehen, zu den Reichen zu zählen. Aber eine arme Minderheit der Bevölkerung wird auch hier in zunehmendem Maße aus der Gesellschaft ausgeschlossen: Langzeitarbeitslose, ethnische Minderheiten.

Auf der Südhalbkugel entstand in den Ländern eine kleine, reiche Oberschicht, der eine ständig anwachsende Menge der Armen in den Slums der Millionenstädte gegenübersteht.

(Richard v Weizsäcker: Die Zeit drängt, Evangelische Verlagsanstalt Berlin 1988, S. 22 ff.) **Q**

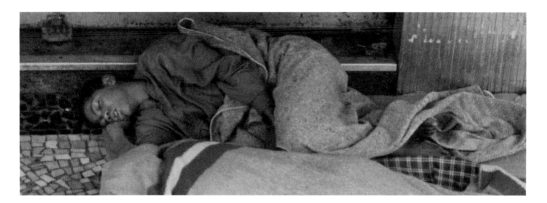

A ▸ Stellt anhand einer Weltkarte fest, welche Länder auf der Nordhalbkugel und welche auf der Südhalbkugel liegen.
▸ Sprecht in einem Gesprächskreis darüber, welche Gründe es haben könnte, dass die Länder der Südhalbkugel mehrheitlich zu den armen Ländern gehören.

Shilpi und Madeleine sind gleichaltrig. Während Madeleine auf der Nordhalbkugel der Erde zu Hause ist, lebt Shilpi im Süden. Die Lebenssituation der beiden Mädchen steht stellvertretend für viele.

Madeleine

Madeleine lebt in Berlin. Sie ist 14 Jahre alt und feierte im Frühjahr ihre Jugendweihe. Madeleine ist Schülerin einer 8. Klasse und wächst umsorgt von ihren Eltern auf. Die Eltern gewähren ihr viel Freiraum. Nach der Schule verabredet sie sich oft mit ihren Freunden und an den Wochenenden geht sie gern mit ihnen zur Disko. Sie liebt Musik von Fifty Cent und Eminem und spielt diese oft auf ihrem CD-Player. Nach Abschluss der Schule möchte sie gern Hotelfachfrau werden.

(Ulrike Bresch: Süße 14. In: Das Magazin H. 6/2005, S. 15 ff.) Q

Shilpi

Shilpi ist 14 Jahre alt und Textilarbeiterin in Milpur. Als Hilfskraft fand sie eine Arbeit in einer Textilfabrik. Sie faltet dort den ganzen Tag Hemden. Mit dieser Arbeit verdient sie im Monat 400 Taka (1 Taka entspricht 4 Cent). Shilpi würde sehr gern zur Schule gehen und lernen, aber sie muss sich ihren Lebensunterhalt selbst verdienen. Auf die Frage nach ihren Zukunftsplänen sagt sie, dass sie gerne Lehrerin werden möchte. Früher unterrichtete sie manchmal ihren Bruder. Sie brachte ihm das Lesen bei.

(Zeitlupe, Nr. 34. Hg. v. d. Bundeszentrale für politische Bildung, Bonn 1997, S. 6) Q

A

▶ Angenommen, Madeleine trägt einmal in der Woche gegen Bezahlung Werbeprospekte aus: Warum arbeitet Madeleine? Was unterscheidet ihre Arbeit von der Shilpis?

▶ Was könnte und was sollte getan werden, um Shilpis Situation zu verändern?

▶ Auch in Deutschland werden billige Textilien aus Ländern der Dritten Welt angeboten: Sind wir, wenn wir diese kaufen, für Shilpis Lage mitverantwortlich?

▶ Trage Argumente für und gegen den Boykott solcher – durch Kinder produzierter – Billigwaren zusammen.

Gerechter wirtschaften

Dritte Welt Information epd

> A ▶ Erläutere, was das Prinzip Gerechtigkeit mit dem Cartoon zu tun hat. Entwirf einen Vorschlag, wie die Länder der „Nordhalbkugel" den Ländern der „Südhalbkugel" zu mehr Gerechtigkeit verhelfen können.

Zum Beispiel Schokolade

Jedes Kind hierzulande weiß, was Schokolade ist und wie Schokolade schmeckt. Schokolade enthält Kakao. Kakaobohnen wachsen in Ländern der Dritten Welt in Lateinamerika und Westafrika. Beim Pflücken und in der Aufbereitung der Bohnen zur Herstellung von Kakaopulver bzw. Kakaobutter arbeiten auch Kinder. Viele von ihnen haben noch nie ein Stück Schokolade gekostet, weil sie sich das nicht leisten können. Die Pflückerlöhne sind gering, sie liegen unter einem Euro für den ganzen Tag harter Arbeit, denn der Rohkakao soll möglichst billig verkauft werden. Er wird mit Lastwagen von den Plantagen abgefahren und nach Europa und Nordamerika verschickt und dort zu Kakaopulver, Brotaufstrichen, Pralinen und Schokolade weiter verarbeitet. Damit diese preiswert in unseren Geschäften angeboten werden können, müssen die Kosten gering gehalten werden.

Es gibt eine Reihe von Organisationen, z. B. TRANSFAIR, die sich für einen fairen Handel mit der Dritten Welt einsetzen, weil faire Preise es den Erzeugern ermöglichen, von ihrer Arbeit zu leben, statt von Hilfen. Zu den Initiativen, die Produkte aus der Dritten Welt zu fairen Preisen kaufen und verkaufen gehören so genannte Eine-Welt-Läden.

> A ▶ Informiere dich, wo es in deiner Region solche Läden gibt und welche Produkte in ihnen angeboten werden.
> ▶ Sprich mit deinen Eltern und Bekannten, ob und warum sie in diesen Läden einkaufen bzw. nicht einkaufen.

Kein Mensch dem anderen gleicht.

Paul = Paula?   Peter = Samuel?

A ▶ Liste weitere Merkmale auf, nach denen sich Menschen unterscheiden!

Aufgrund der Verschiedenheit der Menschen ist die absolute Gleichheit aller Menschen schwerlich realisierbar. Die UNO-Menschenrechtserklärung stellt deshalb ein Instrument dar, das helfen soll, Gleichheitsrechte, die allen Menschen zustehen, zu gewährleisten.

Aus der Menschenrechtserklärung der Vereinten Nationen
Artikel 1: Alle Menschen sind frei und gleich an Würde und Rechten geboren.
Artikel 2: Jeder Mensch hat Anspruch auf alle in dieser Erklärung verkündeten Rechte und Freiheiten, ohne irgendeinen Unterschied, etwa nach Rasse, Hautfarbe, Geschlecht, Sprache, Religion, politischer oder sonstiger Anschauung, nationaler oder sozialer Herkunft, Vermögen, Geburt ...
Artikel 3: Jeder Mensch hat das Recht auf Leben, Freiheit und Sicherheit der Person.
Artikel 18: Jeder Mensch hat das Recht auf Gedanken-, Gewissens- und Religionsfreiheit, dieses Recht schließt die Freiheit ein, seine Religion oder Überzeugungen zu wechseln.
Artikel 19: Jeder Mensch hat das Recht auf Meinungsfreiheit und freie Meinungsäußerung.
Artikel 22: Jeder Mensch hat als Mitglied der Gesellschaft das Recht auf soziale Sicherheit und den Anspruch [...] in den Genuss der wirtschaftlichen, sozialen und kulturellen Rechte zu gelangen, die für seine Würde und die freie Entwicklung der Persönlichkeit unentbehrlich sind.
(Die allgemeine Erklärung der Menschenrechte, Verlag die blaue Giraffe, Stutensee 2004) Q

A ▶ Angenommen du bist Journalist. Für eine Tageszeitung sollst du einen Kommentar zur „Menschenrechtserklärung der Vereinten Nationen" schreiben. Wähle dir einen Artikel aus, und schreibe einen solchen Kommentar. Er soll deine ganz persönliche Sicht zu den Menschenrechten zum Ausdruck bringen.

Ü ▶ Stelle mit Hilfe des Internets Material zum Thema Menschenrechtsverletzungen zusammen. Welche Organisationen untersuchen Menschenrechtsverletzungen? Welche Menschenrechtsverletzungen wurden von diesen Organisationen im vergangenen Jahr angeprangert?

6.3 Zukunft mitgestalten – Verantwortung übernehmen

Das Leben der Kinder reicht weit in die Zukunft hinein. Ihre Lebensmöglichkeiten werden wesentlich davon abhängen, ob der Frieden gesichert und mehr Gerechtigkeit hergestellt werden kann. Was können und was sollen wir tun, um diesen Visionen Gestalt zu verleihen? Kann ich selbst mit meinem Handeln dazu beitragen, den Frieden sicherer zu machen, der Gerechtigkeit zu dienen oder ein Stück Natur zu bewahren? Bin ich dafür mitverantwortlich?

Für die Zukunft unserer Welt

Bei der Bewahrung von Naturressourcen, dem Erhalt von kulturellen Kostbarkeiten sowie im Kampf um Frieden und Gerechtigkeit sind eine ganze Reihe von Organisationen aktiv, die zum Teil weltweit miteinander verbunden sind: z. B. Greenpeace, amnesty international, das Rote Kreuz, UNICEF oder die UNESCO.

Umweltschutzorganisation Greenpeace
1971 wurde in Vancouver (Kanada) die Umweltschutzorganisation Greenpeace gegründet. Sie stellt sich folgende Aufgaben:

- Stopp aller Atomwaffentests
- Gegen die Versenkung radioaktiver und chemischer Substanzen
  in Flüssen und Meeren
- Gegen giftige Abgase aus Schornsteinen
- Gegen Klimachaos für die Beendigung der Ozonvernichtung
- Stopp internationaler Müllgeschäfte
- Stopp der Vernichtung intakter Tropenwälder
- Für den Schutz bedrohter Tierarten (Wale, Robben, Meeresschildkröten)
- Für einen Weltpark „Antarktis"
- Gegen Gen behandelte Nahrungsmittel

A

▸ Informiere dich, was der Name „Greenpeace" bedeutet. Warum hat sich die Organisation deiner Meinung nach diesen Namen gewählt?
▸ Informiere dich, welche Zielstellungen die anderen aufgezählten Organisationen verfolgen.
▸ Wähle dir einen Aufgabenbereich von Greenpeace aus und gestalte dazu ein Plakat.

Greenpeace Aktionen

Greenpeace hat mit spektakulären Aktionen Aufsehen erregt. So fuhren beispielsweise Greenpeace-Aktivisten in Schlauchbooten vor die großen Walfangschiffe und verhinderten so, dass die Harpunen auf die Wale abgeschossen werden konnten. In einer anderen Aktion besetzten sie die Ölplattform „Brent Spar" mit dem Ziel, deren Versenkung im Meer zu verhindern. Die Brent Spar, 14 500 Tonnen schwer, sollte mit ihrer umweltschädlichen Ladung Ölschlamm in den offenen Atlantik geschleppt werden und dort in rund 2000 Metern Tiefe verschwinden.

Versenkung der Brent Spar im Meer: „No"

Wie eine Seeschlacht zwischen Gut und Böse nahm sich aus, was da vor den Shetland-Inseln ablief: bergsteiggeübte Greenpeacer, die in leuchtend roten Overalls auf schwankendem Schlauchboot den verhassten Öl-Multi an seiner rostigsten Stelle attackierten. […] Irgendwelche Zweifel? Nicht bei Sarah Burton. „Die Brent Spar hätte auch voll Kaugummi sein können", sagt sie, „wir hätten die Versenkung trotzdem gestoppt." Und: „Natürlich geht es auch um Chemie, aber hauptsächlich geht es um eine Frage der Ethik." Die heißt: Darf eine Firma sich der Verantwortung für ausgediente Produktionsanlagen durch Wegschmeißen entledigen oder nicht? Sarah Burton, Greenpeace-Kampagnenchefin in London, weiß eine knappe Antwort: „No".

(Joachim Will: Wer sagt denn, dass leere Ölfässer schwimmen müssen? In: Frankfurter Rundschau v. 10.11.1995, S. 3) **Q**

A ▸ Informiert euch im Internet oder mit Hilfe anderer Hilfsmittel (z. B. Greenpeace Magazin) über Aktionen von Organisationen, die sich für die Zukunft unserer Welt einsetzen.

▸ Nicht immer sind Aktionen von Greenpeace und anderen Organisationen von Erfolg gekrönt. Diskutiert darüber, inwieweit Aktionen trotz möglicher Misserfolge sinnvoll sind.

▸ Worin seht ihr generell den Sinn solcher Aktionen? Fasst ihn in wenigen Kernaussagen zusammen, die als Appell an andere stehen könnten.

Das geht auch mich an

Wenn selbst große Organisationen mitunter Niederlagen im Einsatz für eine lebenswertere Zukunft einstecken müssen, dann stellt sich die Frage: Kann ein einzelner Mensch überhaupt etwas bewirken?
Die Schriftstellerin Carola Stern schrieb in diesem Zusammenhang einen Brief an ihr Patenkind.

An Anja sowie an alle Kinder und Jugendlichen der einen Welt – an dich persönlich

Liebe Anja!

Du kannst nicht das ganze Elend dieser Welt auf deine Schultern nehmen. Das verlange ich auch nicht von dir.

Nur wünsche ich mir, du würdest dir einmal überlegen, an welcher Stelle du mit deinen Kenntnissen und Mitteln etwas Sinnvolles für Menschen tun könntest, die auf deine Solidarität, auf deine Hilfe angewiesen sind. Einen einzigen Menschen vor Folter zu bewahren, vor dem Hungertod zu retten – das bedeutet doch unendlich viel.

Wenn ich dich nicht davon überzeugen kann, etwas für andere zu tun, dann möchte ich dich doch fragen, warum du auch nichts für dich selbst und für die Kinder tust, die du und Benjamin sich wünschen. Die Umweltverschmutzung, die Umweltgefahren nehmen weiter zu. Du findest zwar gut, was die von Greenpeace tun, selbst tust du nichts, protestierst nicht, engagierst dich nicht, gehst Hockey spielen.

Ich will nicht vergleichen, was nicht zu vergleichen ist. Aber unter anderen Voraussetzungen und Bedingungen werden auch eure Kinder eines Tages fragen: Der Hunger! Die Verfolgung, Kriege, die Bedrohung unserer Erde! Ihr habt es doch gewusst, mitangesehen!

Und warum habt ihr nichts getan?

Sei gegrüßt von deiner Carola

(Carola Stern: Brief an die Patentochter. In: Zeitlupe, Nr. 34. Hg. v. d. Bundeszentrale für politische Bildung, Bonn 1997, S. 24)

A ▶ Versetze dich an die Stelle von Anja. Stell dir vor, der Brief gilt dir. Wie würdest du darauf reagieren?
▶ Wie beurteilst du die Argumentation von Carola Stern?
▶ Schreibe einen Antwortbrief an Carola Stern, in welchem du deine Position darlegst.

Kinder können etwas bewegen

Als 12-Jähriger gründete Craig Kielburger aus Kanada zusammen mit Freunden die inzwischen weltweit aktive Kinderrechtsorganisation „Free the Children".

öp: Wie kam es zu deinem Engagement für Kinderrechte?

Craig: Mit zwölf Jahren las ich jeden Tag, beim Frühstück, die Comic-Seiten unserer Zeitung. Eines Tages, im April 1995, sah ich auf der Titelseite das Farbfoto eines pakistanischen Jungen. Überschrift: „12-jähriger Junge für Einsatz gegen Kinderarbeit ermordet." Ich las den Artikel und war schockiert. Iqbal war als Vierjähriger von seinen Eltern an eine Weberei verkauft worden und hatte jeden Tag viele Stunden lang Teppiche knüpfen müssen; mit zwölf wurde er von der „Teppich-Mafia" ermordet. Für einen Jungen wie mich war es unvorstellbar, dass dies einem Jungen gleichen Alters passiert war. Mit mehreren Freunden gründete ich "Free the Children", das zu einem internationalen Netzwerk von Kindern wurde.

öp: Was konntet ihr bewirken?

Craig: „Free the Children" entsendet Kinder zu Konferenzen und Treffen, zu denen Kinder zuvor nicht eingeladen wurden. 12-Jährige nehmen an Regierungshearings (Anhörungen) teil. Wir haben Petitionen (Bittschriften) und Briefkampagnen organisiert, um Unternehmen, z.B. Nike und die Fußball-Industrie (die Sportbekleidung und Fußbälle in Kinderarbeit produzieren lassen), dazu zu bewegen, die Kinderarbeit zu beenden und ihren Arbeitern gerechte Löhne zu zahlen, damit die Familien nicht mehr auf das Einkommen ihrer Kinder angewiesen sind.

öp: Eure Erfolge zeigen, dass man etwas bewegen kann …

Craig: Das Wichtigste, was junge Menschen begreifen müssen, ist, dass sie Macht haben. Sie sehen das Leiden in der Welt und meinen, sie könnten nichts tun. Das ist nicht richtig. Jede Person kann Veränderungen bewirken. Wir können zur Schule gehen, Spaß haben, mit unseren Freunden zusammen sein und gleichzeitig Zeit haben, anderen zu helfen.

(Interview mit Craig Kielburger. Geführt von Raphael Mankau. In: Ökologie/Politik Nr. 86, 91/1998, S. 7 f.) Q

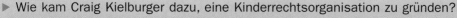

A
▸ Wie kam Craig Kielburger dazu, eine Kinderrechtsorganisation zu gründen?
▸ Redet darüber, wie ihr euch an Veränderungen beteiligen könnt, die unsere Welt ein bisschen besser macht. Nehmt Kontakt zu entsprechenden Organisationen auf (z. B. „Greenteam" – eine von Greenpeace initiierte Organisation für Kinder und Jugendliche).

Wir haben nur die eine Welt

Auf einem Gipfeltreffen der Vereinten Nationen 1992 in Rio de Janeiro beschlossen Vertreter von 178 Staaten ein gemeinsames Programm zur Sicherung der Lebensgrundlagen auf der Erde für die heutigen und nachfolgende Generationen. Dieses Programm trägt den Namen „Agenda 21". Dabei bedeutet „agenda", abgeleitet vom Lateinischen „agere", das „Notwendig-Zu-Tuende" und „21" das 21. Jahrhundert.
Eine Forderung, um die Lebensgrundlagen auch für kommende Generationen zu sichern besteht darin, bei allen anstehenden Entscheidungen den Aspekt der Nachhaltigkeit zu berücksichtigen.

Nachhaltigkeit, was bedeutet das?

Bei allen anstehenden Entscheidungen sind Natur, Gesellschaft und Wirtschaft in ein solches Gleichgewicht zu bringen, dass die Grundlagen für das Leben auf der Erde auch für die nachfolgenden Generationen gesichert werden. Das gilt nicht allein für große, länderübergreifende Entscheidungen, sondern auch für solche, die nur eine Region oder eine Stadt betreffen.

Nachhaltiges Verhalten in den Bereichen Wirtschaft, Natur und Gesellschaft

Verhalten gegenüber der Natur	Verhalten auf dem Gebiet der Wirtschaft	Verhalten im Bereich der Gesellschaft
sorgsamer Umgang mit allen natürlichen Rohstoffen, z. B.: Luft, Wasser, Bodenschätze, Wald	Einsatz erneuerbarer Rohstoffe (z. B. Wolle, Holz, Wasserkraft) bei der Herstellung von Produkten	Beteiligung der Bürger und Bürgerinnen an wichtigen gesellschaftlichen Entscheidungen
keine Vergeudung von Naturstoffen	Senkung des Verbrauchs an nicht erneuerbaren Rohstoffen wie Erdöl, Eisenerz u. a.	Berücksichtigung der Bürgerinteressen, z. B. bei Ansiedlung von Industriestandorten, Stadtgestaltung, Umgehungsstraßen usw.
Verringerung des Ausstoßes von Schadstoffen (z. B. Müll, Chemikalien, Kohlendioxid) in die Natur	Veränderung des Konsumverhaltens der Käufer hinsichtlich • Nutzungsdauer der Erzeugnisse (gegen Wegwerfprodukte) • Bevorzugung von Produkten aus Naturstoffen gegenüber künstlichen	Befähigung zu gewaltlosen Regelungen bei Interessenskonflikten Stärkung des Verantwortungsbewusstseins und des Engagements aller Bürgerinnen und Bürger für ihre Wohn- und Erholungswelt

(Nach: Andreas Brunhold: Globales Lernen – Lokale Agenda 2, Verlag f. Sozialwissenschaften; Wiesbaden, S. 32)

Ü
- Angenommen, gleich neben eurer Schule soll eine Windkraftanlage, bestehend aus 30 Windrädern, errichtet werden. Noch ist nichts beschlossen. Eure Klasse bekommt den Auftrag zu prüfen, ob die Errichtung dieser Anlage den Kriterien der Nachhaltigkeit entspricht.
- Erarbeitet gemeinsam einen Leitfaden, welche Fragen im Rahmen des Prüfverfahrens von euch aufgeworfen und beantwortet werden sollten.
- Bildet drei Arbeitsgruppen und untersucht im Einzelnen, ob die Anlage in wirtschaftlicher, in gesellschaftlicher und ökologischer Hinsicht den Kriterien der Nachhaltigkeit entspricht.
- Sammelt in den Arbeitsgruppen sowohl positive wie negative Argumente und wägt diese gegeneinander ab.
- Jede Arbeitsgruppe fällt am Ende ein Urteil für oder gegen die Windkraftanlage, in welches alle Erwägungen einfließen sollten, und begründet es überzeugend.

Besondere Bedeutung für das Leben auf der Erde kommt der Bewahrung unseres natürlichen Lebensraumes zu. Umweltfrevel, d. h. bedrohliche Eingriffe in diesen Lebensraum, kommen trotz eines gestiegenen Umweltbewusstseins immer wieder vor und besitzen viele Gesichter.

A
- Zähle mindestens fünf Gesichter von Umweltfrevel auf.

Ein Projekt: Umweltfrevel auf der Spur
Bildet, bestehend aus jeweils vier bis fünf Schülerinnen und Schülern, Aktionsgruppen, die sich jeweils ein spezielles Problem vornehmen, um Verantwortung für den Erhalt der Umwelt wahrzunehmen (z. B. Müllvermeidung, Reduzierung des Verkehraufkommens, Wasserverbrauch, Energieeinsparung, Rückgriff auf erneuerbare Rohstoffe).
1. Protokolliert zuerst, jeder in der Arbeitsgruppe für sich, in welcher Form jeden Tag bei ihm zu Hause Energie und Wasser verbraucht werden, in welcher Form Müll anfällt oder wie anfallende Wege zurückgelegt werden.
2. Vergleicht nun in der Arbeitsgruppe eure Protokolle und stellt fest, wo Verschwendung stattfindet.
3. Entwerft einen Aktionsplan, in welchem ihr konkrete Ziele und Wege benennt, um sparsamer mit den entsprechenden Ressourcen umzugehen. Stellt euren Aktionsplan in der Klasse vor und diskutiert,
   a) wo ihr Schwierigkeiten bei der Umsetzung der Vorschläge seht und
   b) welchen konkreten Nutzen ihr von einem sparsameren Umgang mit den Ressourcen für eure Familie erwartet.
4. Überlegt, ob sich die Veränderungsmaßnahmen, welche ihr für euer konkretes Umfeld vorgeschlagen habt, auch auf größere Einheiten (z. B. Länder) übertragen lassen.

Glossar

Absolution meint in der katholischen Kirche die Vergebung von Sünden nach der Beichte.

Angst ist ein beklemmendes Gefühl des Bedrohtseins, ein unlustbetontes Gefühl oder seelischer Zustand, der von der Vorstellung künftiger Übel verursacht wird.

Anlagen sind die bei der Geburt vorhandenen Voraussetzungen, die sich im Verlauf der persönlichen Entwicklung zu Verhaltensbereitschaften und Fähigkeiten herausbilden.

Antike umfasst das klassische Altertum und seine Kultur, die griechische und römische Antike.

Aristoteles (384 – 322 v. Chr.) war einer der bedeutendsten griechischen Philosophen, der die gesamte philosophische Tradition bis zur Gegenwart beeinflusst hat.

Bar Mizwa bzw. Bat Mizwa ist hebräisch und bedeutet „Sohn der Pflicht" bzw. „Tochter der Pflicht". Das werden jüdische Jungen mit 13 Jahren bzw. Mädchen mit 12 Jahren. Von da an sind sie religiös mündig, d. h. sie sind selbst dafür verantwortlich, die Gebote Gottes einzuhalten.

Die Bibel ist eine Sammlung von Büchern. Das Wort „Bibel" stammt aus dem Griechischen und bedeutet „Buch" oder „Bücher". Die Bücher der Bibel sind in zwei großen Teilen zusammengefasst: dem Alten Testament und dem Neuen Testament: Das Alte Testament (oder die Hebräische Bibel) enthält die grundlegenden Schriften des Judentums. Im Neuen Testament sind die Evangelien sowie die Schriften über die Anfangszeit des Christentums enthalten.

Clique bedeutet im Englischen eine geschlossene Kleingruppe. Die gängige deutsche Übersetzung ist Freundeskreis.

Christus ist ein griechisches Wort und bedeutet „der Gesalbte". Es ist eine Übersetzung des hebräischen Wortes „Messias" und im Christentum ein Ehrentitel für Jesus Christus.

Domestizierung bezeichnet die Züchtung von Haustieren oder Kulturpflanzen aus Wildformen.

Elohim ist ein sehr altes Wort, das Gottheit bedeutet und in der Bibel mit dem jüdisch-christlichen Gott gleichgesetzt wird.

Eucharistie kommt aus dem Griechischen und bezeichnet „Danksagung". In der katholischen Kirche ist es die Bezeichnung für die Feier des Abendmahls.

Evangelium stammt aus dem Griechischen und bedeutet „gute Nachricht". Es ist zum einen die Botschaft Gottes, die Jesus verkündete. Zum anderen bezeichnet man damit Schriften über das Leben und Werk von Jesus. Im Neuen Testament gibt es vier Evangelien.

Evangelisch bezeichnet alles, was mit dem christlichen Evangelium zu tun hat. Unter evangelischen Kirchen versteht man alle christlichen Gemeinschaften, die aus der Reformation hervorgegangen sind.

Frieden ist der rechtlich geordnete Zustand der Verhältnisse innerhalb von und besonders zwischen Staaten, in dem sich diese keiner gewalttätigen Mittel bedienen, um ihre Interessen durchzusetzen.

Freundschaft meint eine enge persönliche Beziehung vorzugsweise zwischen Menschen, die auf Achtung, Verständnis, Vertrauen und gemeinsamen Interessen beruht und die eine starke Gefühlsbindung aufweist. Sie beruht in der Regel nicht auf Blutsbanden oder sexueller Anziehung.

Gerechtigkeit bezeichnet zum einen eine ethische Haltung oder Gesinnung und ist zum anderen das Prinzip zur Beurteilung von Rechtsnormen.

Gleichnis meint eine bildliche Erzählungsform, Redewendung oder Erzählung, die schwer Verständliches durch Vergleichen mit Bekannten veranschaulicht und zu erklären versucht.

Glück ist ein wichtiges Ziel menschlichen Handelns. Angestrebt wird volle Zufriedenheit sowie ein Andauern des Glückszustandes. Es gibt Unterschiede im Verständnis, was Glück ausmacht und wie es zu erreichen ist.

Katholisch bedeutet vom Wortsinn her „allumfassend" oder „allgemeingültig". Heute nennt man die christliche Gemeinschaft, die den Papst als Oberhaupt und Stellvertreter Christi auf Erden anerkennt, die katholische bzw. römisch-katholische Kirche.

Kirche ist von dem griechischen Wort „Kyriakon" abgeleitet und bedeutet eigentlich „zum Herrn gehöriges Haus". Es bezeichnet sowohl das Gebäude, in dem Christen ihre Gottesdienste feiern, als auch die gesamte christliche Gemeinschaft und einzelne Gruppen wie die katholische oder die evangelische Kirche.

Klischee ist eine eingefahrene Vorstellung, die mit der Wirklichkeit oft nicht übereinstimmt.

Kommunion kommt aus dem Lateinischen und heißt „Gemeinschaft". Sie bezeichnet die Teilnahme an der Eucharistie. Erstmals zur Kommunion zugelassen werden Kinder etwa ab dem 7. Lebensjahr.

Der Koran (arabisch „Rezitation", „Lesung") ist die heilige Schrift des Islam.

Macho bezeichnet einen sich übertrieben männlich gebenden Mann, der ein übersteigertes männliches Selbstbewusstsein zum Ausdruck bringt.

Medien ist die zusammenfassende Bezeichnung für Presse, Funk, Fernsehen, Film, Internet, d. h. für alle Mittel zur Verbreitung von Informationen. Sie spielen eine wichtige Rolle bei der Meinungsbildung der Menschen.

Messias ist hebräisch und bedeutet der „Gesalbte". Die Juden erwarten den Messias als den zukünftigen König des zukünftigen Reiches Gottes, in dem es weder Krieg und Ungerechtigkeit noch Armut und Hunger geben wird. Für die Christen ist Jesus Christus der Messias.

Mittelalter bezeichnet die historische Zeitspanne vom 5./6. Jahrhundert bis zum Ende des 15./ Anfang des 16. Jahrhunderts. Es ist die Zeit, die die griechische und römische Antike von der Neuzeit trennt. Sie steht oftmals gleichbedeutend für Rückständigkeit und Rechtlosigkeit.

Moschee (arabisch „Ort des Niederwerfens") ist das Gotteshaus der Muslime.

Multikulturalität stellt in Rechnung, dass in jeder Gesellschaft Menschen unterschiedlicher Sprachen, Traditionen, Wertvorstellungen und Lebensstile zusammenleben. Multikulturalität zielt auf eine Gesellschaft, die auf Toleranz und wechselseitige Anerkennung der verschiedenen kulturellen Erfahrungen beruht.

Als **Muslim** (arabisch „sich Gott ergeben") werden die Menschen bezeichnet, die dem islamischen Glauben angehören und sich dem Willen Gottes unterwerfen.

Mythos (dt. Rede, Erzählung) ist eine überlieferte, bildhafte Vorstellung vom Ursprung der Welt, den Menschen und Göttern sowie ihren Schicksalen.

Nachhaltigkeit bezeichnet ein Prinzip im Umgang mit der Natur, wonach bei der Nutzung von Rohstoffen nicht nur die gegenwärtigen Bedürfnisse, sondern auch zukünftige Bedürfnisse beachtet werden müssen; wenn etwa heutzutage übermäßig viel Fischfang betrieben wird, werden kommende Generationen keinen Fisch mehr fangen können.

Ökologie untersucht die Wechselbeziehungen zwischen dem Menschen und seiner natürlichen und technischen Umwelt. Sie ist darauf gerichtet, die Lebensgrundlagen der Menschen langfristig zu erhalten.

Persönlichkeit umfasst die Gesamtheit der individuellen Besonderheiten eines Menschen. In diesem Sinne ist jeder Mensch eine Persönlichkeit. In einer anderen Bedeutung nennt man nur einen solchen Menschen eine Persönlichkeit, der eine besondere Rolle in der Gesellschaft spielt.

Ein **Prophet** (griechisch „Verkünder" oder „Seher") ist ein Gesandter Gottes, also ein Mensch, der im Auftrag Gottes handelt und den Willen Gottes verkündet. Propheten gibt es in vielen Religionen.

Ein **Rabbiner/Rabbi** ist ein jüdischer Gelehrter. Heute bezeichnet man damit hauptsächlich den Leiter einer jüdischen Gemeinde. Dort ist er für den Gottesdienst und die Predigt, für die religiöse Unterweisung und die Seelsorge zuständig.

Requiem bezeichnet in der katholischen Kirche die Eucharistiefeier im Rahmen der Begräbnisliturgie, früher auch Totenmesse genannt – benannt nach dem Eingangsgesang: „Gib ihnen die ewige Ruhe".

Rituale sind standardisierte, sich ständig wiederholende, meist traditionsbestimmte Verhaltensweisen.

Der Sabbat (hebräisch „Ruhe" oder „Aufhören") ist der siebente Tag der jüdischen Woche. Er ist ein Ruhe- und Feiertag.

Als **Sakrament** werden im Christentum symbolische Handlungen und Worte verstanden, in denen sich die Anwesenheit Gottes und seine Zuwendung zu den Menschen besonders wahrnehmen lässt.

Schamane ist ein Geisterbeschwörer, der mit Dämonen oder Seelen Verstorbener in Verbindung treten soll.

Sri Lanka ist ein Inselstaat in Südasien, der die Insel Ceylon und 23 kleine Inseln im Indischen Ozean umfasst.

Die **Synagoge** (griechisch „Haus der Versammlung") ist das jüdische Gotteshaus und das Zentrum einer jüdischen Gemeinde.

Toleranz heißt wörtlich „ertragen", „erdulden". Sie beinhaltet die Anerkennung und Achtung des Anderssein von Menschen (einzelner, von Gruppen oder Völkern).

Die Tora (hebräisch „Lehre" oder „Weisung") ist die Grundlage aller heiligen Schriften des Judentums und umfasst die fünf Bücher Mose.

Unesco bezeichnet die Abkürzung für United Nations Educational, Scientific and Cultural Organisation in der deutschen Übersetzung: Organisation der Vereinten Nationen für Erziehung, Wissenschaft und Kultur mit Sitz in Paris.

Unicef nennt man das Kinderhilfswerk der Vereinten Nationen, das sich speziell um die Rechte, den Schutz und das Wohl aller Kinder und Jugendlichen auf der Welt kümmert.

Vision steht gleichbedeutend (synonym) zu Utopie, Traum oder Vorstellung.

Weihrauch ist ein arabisch-ostafrikanisches Baumharz, das beim Erhitzen angenehmen Geruch verbreitet. In der katholischen Kirche als Räuchermittel genutzt.

Weltbild ist die Gesamtheit des Wissens der menschlichen Vorstellungen von der Welt, dem Weltganzen und dem Platz des Menschen darin.

Bildverzeichnis